企業の財務構造から「潜在実力」を見抜く

解くだけで身につく！
決算書図解クイズ77

公認会計士
なぎ

KADOKAWA

ようこそ、
楽しい決算書の世界へ！

　こんにちは、みなさん！
　私はこの本の著者で公認会計士の"なぎ"と申します。
　「"会計"を日本一分かりやすく」を掲げ、SNSで決算書の読み方について発信しています。図解とクイズを用いて、数字が苦手な方でも決算書を読む楽しさを感じられるよう、日夜取り組んでいます。
　この本を手に取ってくださったということは、少しでも決算書に興味を持ってくれているのではないでしょうか？　それとも、「決算書って難しそう…」と少し身構えているところかもしれませんね。

　まずお伝えしたいのは、**決算書を理解するのはそれほど難しいことではない**、ということです。確かに、初めて見ると数字がびっしりと並んでいて、「これを全部理解しろって？」と感じるかもしれません。

　でも安心してください。この本では、その「難解」に見える決算書を、**分かりやすく「図解」**していきます。図解を使うことで、目で見て直感的に理解できるようになります。
　数字だけを追うのではなく、**グラフやチャートで視覚的に理解することで、決算書の中身がぐっと身近なものに感じられる**はずです。

では、決算書を読めるようになると、どんなメリットがあるのでしょうか？　大きく3つのポイントがあります。

① ビジネスパーソンとして大きくステップアップできる

　決算書を読み解くスキルは、ビジネスパーソンにとっての武器になります。企業の業績や財務状態を理解することで、ビジネスの全体像が見えてきます。
　たとえば、自社の決算書を読めば、自社の強みや改善点が分かりますし、取引先や競合企業の決算書をチェックすることで、相手の実態や戦略を見抜くことができるようになります。
　このスキルを身につければ、営業やマーケティング、経営企画など、どの部門にいても一歩先を行く視点でビジネスを進めることができます。結果的に、みなさんの評価やキャリアにも大きな影響を与えるでしょう。

② 新NISAなど株式投資の役に立つ

　もし、あなたが投資に興味があるなら、決算書を読めるようになることは強力な武器になります。**株式投資や不動産投資では、企業の財務状況や収益性、資金の流れを把握することが重要**です。
　「どの企業が健全で、成長の見込みがあるのか？」これを見

抜くには、決算書の分析が欠かせません。逆に、財務的に不安定な企業に投資してしまうと、大きな損失を招くリスクもあります。

　この本を通じて、決算書からその企業の未来を予測し、どの銘柄に投資すべきか、どの企業を避けるべきか判断する力を手に入れてください。

③　ニュースが理解できるようになる

　決算書の基礎を理解しておくと、日々のニュースも今まで以上に深く理解できるようになります。経済ニュースで「この企業の利益が大幅に増加した」や「財務体質が悪化した」などと報道されても、その裏にある意味がすぐに読み取れるようになります。

　なぜその企業が成長しているのか、なぜ業績が悪化しているのか、その背景が分かると、ニュースは単なる情報で終わらず、あなたのビジネスや投資に活かせる「知識」へと変わります。経済や企業動向のニュースを、財務的な視点から読み解けるようになると、**世の中の動きがぐっと面白く見えてくるようになりますよ。**

　本書では、クイズ形式を取り入れながら、こうしたスキルを楽しみながら身につけていけるように設計しています。クイズを通じて考え、自分で答えを見つけ出す経験は、理解を深め、記憶にしっかり残ります。また、図解を多用しているので、

難しい概念も視覚的に分かりやすく整理されています。

　ここで覚えておいてほしいのは、**決算書はただの無味乾燥な数字の羅列ではない**ということです。実は、決算書には企業の「物語」が語られています。

　数字の裏には、その企業がどんな戦略をとり、どのような挑戦をしてきたのか、そして未来に向けてどんな姿を描いているのかが映し出されています。

　決算書を読み解くことは、会社のストーリーを読み解くことと同じなのです。数字を超えた企業の「息づかい」を感じながら、企業の成長や課題に共感できるようになるでしょう。

　決算書が読み解けるようになることは、あなたのビジネス、投資、そして日常生活にまで役立つスキルです。それでは、今すぐ最初のクイズに挑戦してみてください！

　この本が、あなたの財務スキルを一段と高めるための最良のスタートになることをお約束します。楽しく学びながら、企業の物語を一緒に探っていきましょう！

2024年11月　なぎ

目次

企業の財務構造から「潜在実力」を見抜く
解くだけで身につく！ 決算書図解クイズ77

ようこそ、楽しい決算書の世界へ！ ……………………………… 8

第1章
そもそも決算書って なぜ作る必要があるの？

1-1	Q1	決算書って何のために作るの？	18
1-2	Q2	決算書は誰に対して作るもの？	20
1-3	Q3	決算書はいつ作成する？	22
1-4	Q4	決算書はどこで見られる？	24
1-5	Q5	「決算書」って何？	26
1-6	Q6	決算書の作成にはどんなルールがある？	28
1-7	Q7	貸借対照表はどんなもの？	30
1-8	Q8	損益計算書を見て何が分かる？	32
1-9	Q9	キャッシュフロー計算書は何が分かる？	34
1-10	Q10	財務3表はどのようにつながっている？	36
コラム①	Q11	複式簿記を考案したのは誰？	38

第 2 章

今年の診断結果は？
貸借対照表（BS）は健康診断

2-1	Q12	貸借対照表はどんなことが分かる？	40
2-2	Q13	貸借対照表では分からないことは何？	42
2-3	Q14	貸借対照表がバランスシートと言われるのはなぜ？	44
2-4	Q15	「資産の部」を構成する3つの資産は何？	46
2-5	Q16	「負債の部」を構成する2つの負債は何？	48
2-6	Q17	「純資産」を構成する主な3つの項目は何？	50
2-7	Q18	借金はない方が良い？	52
2-8	Q19	この状態はなんという？	54
2-9	Q20	「資産」を身近なものに例えるとどうなる？	56
2-10	Q21	「負債」「純資産」を身近なものに例えるとどうなる？	58
2-11	Q22	Aさん、Bさん、CさんはそれぞれどのBS？	60
2-12	Q23	A社、B社、C社はそれぞれどの業種？	62
2-13	Q24	動物園にとっての動物　ペットショップにとっての動物どこに区分する？	64
2-14	Q25	―流動比率で判定― 短期目線で安全性が高いのはどっち？	66
2-15	Q26	―当座比率で判定― 短期目線で安全性が高いのはどっち？	68
2-16	Q27	―自己資本比率で判定― 長期目線で安全性が高いのはどっち？	70
2-17	Q28	―固定比率で判定― 長期目線で安全性が高いのはどっち？	72
2-18	Q29	―固定長期適合率で判定― 長期目線で安全性が高いのはどっち？	74
コラム②	Q30	決算書が広く使われるようになった理由は何？	76

第3章

50メートルは何秒で走れた？
損益計算書（PL）はスポーツテスト

3-1	Q31	損益計算書はどんなもの？	78
3-2	Q32	損益計算書からどんなことが分かる？	80
3-3	Q33	損益計算書では分からないことは何？	82
3-4	Q34	売上原価って何？	84
3-5	Q35	売上原価がPLに載るタイミングは？	86
3-6	Q36	販管費って何？	88
3-7	Q37	営業外収益や営業外費用はどのようなお金？	90
3-8	Q38	特別損益はどんな点が特別なの？	92
3-9	Q39	企業が稼いだ利益は誰のもの？	94
3-10	Q40	社用車の購入費はいつPLに載せる？	96
3-11	Q41	利益率はどうやって計算する？	98
3-12	Q42	利益率はどっちの企業が魅力的？ 利益率で収益性の良し悪しを見る	100
3-13	Q43	資産を使って効率的に稼げているのはどっち？ ROAで資産の活用度合いを可視化	104
3-14	Q44	株主の資本を使って効率的に稼いでいるのはどっち？ 効率良く稼げているかをROEで判定	108
3-15	Q45	1株あたりの利益が大きいのはどっち？ EPSで投資対象としての魅力を判断	112
3-16	Q46	投資した資金で効率的に稼いでいるのはどっち？ ROICで収益性の良し悪しを見る	116
3-17	Q47	売上を早くお金に換えているのはどっち？ 売上債権回転期間でCFを分析	120
3-18	Q48	仕入先への支払期日に余裕があるのはどっち？ 仕入債務回転期間で財務の健全性を見る	124

3-19	Q49	商品を売るのに要した期間が短いのはどっち？ 棚卸資産回転期間で事業効率を見る	128
3-20	Q50	資金繰りが安定しているのはどっち？ 現金化するまでの期間（CCC）で資金繰りを見る	132
コラム③	Q51	日本で決算書が正式に制度化されたのはいつ？	136

第4章

きちんとサラサラ流れてる？
キャッシュフロー計算書（CS）は血液検査

4-1	Q52	キャッシュフロー計算書ってどんなもの？	138
4-2	Q53	CSの役割は？	140
4-3	Q54	営業CFの金額から何を読み取れる？	142
4-4	Q55	投資CFはマイナスでもOK？	144
4-5	Q56	財務CFはプラスが良い？	146
4-6	Q57	CSはいくつのパターンに分けられる？	148
4-7	Q58	営業CF⊕、投資CF⊕、財務CF⊖ この企業はどんな状態？	150
4-8	Q59	営業CF⊕、投資CF⊖、財務CF⊕ この企業はどんな状態？	152
4-9	Q60	営業CF⊕、投資CF⊖、財務CF⊖ この企業はどんな状態？	154
4-10	Q61	営業CF⊖、投資CF⊕、財務CF⊕ この企業はどんな状態？	156
4-11	Q62	営業CF⊖、投資CF⊕、財務CF⊖ この企業はどんな状態？	158
4-12	Q63	営業CF⊖、投資CF⊖、財務CF⊕ この企業はどんな状態？	160
コラム④	Q64	ニュースで見かける「粉飾決算」って何？	162

第 5 章

実践編　決算書分析

5-1	Q65	どっちの決算書？	ハードかソフトか	164
5-2	Q66	どっちの決算書？	収益構造の違い	166
5-3	Q67	どっちの決算書？	自社製品と委託販売	168
5-4	Q68	どっちの決算書？	収益源と利益構造の違い	170
5-5	Q69	どっちの決算書？	お客さんは誰か	172
5-6	Q70	どっちの決算書？	フランチャイズと直営	174
5-7	Q71	どっちの決算書？	薄利多売と厚利少売	176
5-8	Q72	どっちの決算書？	自社で作るか委託するか	178
5-9	Q73	どっちの決算書？ 阪神タイガースの貸借対照表はどっち？		180
5-10	Q74	どっちの決算書？	実は小売店舗ではない？	182
5-11	Q75	これはどこの会社？ 過去20年で事業内容が大きく変化		184
5-12	Q76	これはどこの会社？	意外な収益源を持っている	186
5-13	Q77	これはどこの会社？	安さと味で人気のファミレス	188

あとがき　190

- 本書は2024年9月時点の情報を基に制作されております。
- 各種決算書の数値は、著者が独自に集計したものであり、集計方法によっては、他の出版物やWEBメディアなどで示される数値とは異なる場合があります。

【スタッフ】
カバーデザイン　五藤友紀（ブックウォール）
本文デザイン　松岡羽（ハネデザイン）
漫画　せるこ安藤
校正　西岡亜希子
編集協力　伊達直太
企画編集　五十嵐恭平

第1章

そもそも
決算書って
なぜ作る
必要があるの？

1-1

Q1 決算書って何のために作るの？

- なぜかお金が減ってる…
- あんなお金貸してよかったっけ？
- 値段をいくらにしたら利益が出る？
- 記録してないんだからお金盗んでもバレないよね
- 銀行がお金貸してくれない…
- どこに無駄があるんだっけ
- 来月の支払いって大丈夫だっけ？
- ライバル企業はどんな状況なんだろ？
- ウチってそもそも儲かってるんだっけ

A　収支と資産の状況を明らかにする

　決算は、企業のお金がある期間でどのように変化したかを集計することで、その情報をまとめた書類が決算書です。企業にとっての決算書は、簡単にいえば**通知表**です。「収益」「費用」「利益」「資産」「負債」「純資産」という、いわば教科科目ごとに数字で表すことにより、以下のような活動に役立てることができます。

▶ 1　経営の改善方法が分かる

　決算書によって「今年はいくら儲かったか」という結果はもちろん、たとえば事務所の家賃や銀行への支払利息など、細かく会社の状況が分かるようになります。これらを活用して、**支出のムダを見直したり、余ったお金で投資する方法を考えたりすることができます**。

▶ 2　投資家や銀行の信頼を獲得

　企業は普通、投資家や銀行からのお金を使って経営をしています。お金を集めるためには信用を獲得する必要があり、**決算書によって企業の財務状況が健全であることを説明**します。個人が自分の収入や貯金の額を銀行に提示して住宅ローンなどの審査を受けるのと同じです。

▶ 3　納税額を計算する

　個人と同じように、企業にも納税の義務があります。決算書は、企業が獲得した利益（税務では所得と言います）や持っている資産を明らかにして、**納める税金を確定する役割**を持っています。

▶ 4　そもそも、法律で義務付けられてる

　企業は一定の期間ごとに決算を行うことが義務付けられていて、株式を上場している企業などは、その内容を事細かに決算書によって公表する必要があります。**決算書を公表することで、投資家や取引先といった企業と関わる社内外の人たち（ステークホルダーと言います）が企業の状況を正しく把握することができます**。

1-2

Q2 決算書は誰に対して作るもの？

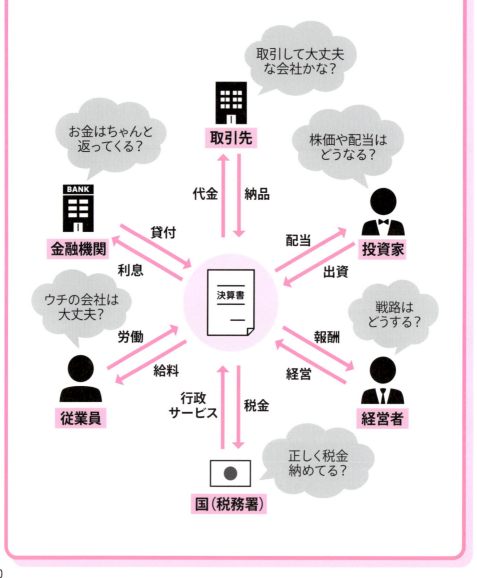

A　会社に関わるこの6人

決算書は、「**簿記**」という手法で、企業の経理部や、企業が依頼する会計事務所が作成します。決算書は次の6人の関係者のために作るということを把握しておいてください。

▶ 1　経営者

経営者は、決算書から読み取れる現状の**経営の良し悪し**を確認して、今後の戦略を立てます。

▶ 2　投資家

投資家は、決算書の内容を踏まえて**企業の将来性**や今の株価が高いか安いかを判断します。その結果、投資するか、あるいは売却するかなどを決めています。

▶ 3　金融機関

銀行などの金融機関は、企業の経営が健全で、**ちゃんとお金を返せる会社**かどうかを中心に確認して、お金を貸すかどうか、あるいは早く返してもらうように交渉するかどうかを判断します。

▶ 4　取引先

商品を仕入れたり販売したりする取引先や、事業のパートナー企業は、決算書の情報を参考にして、**どれくらいの規模の取引をするか**などの判断を行います。

▶ 5　従業員

従業員が**安心して働く**ためには、勤め先の経営が安定し、業績が伸びていることが重要です。決算書はその判断材料の1つになります。

▶ 6　国（税務署）

税務署は、企業が**適切に税金を納めているか**のチェックのために決算書を確認します。場合によっては、決算書を作るための元の資料などを確認するために、税務調査が入ることもあります。

Q3 決算書はいつ作成する？

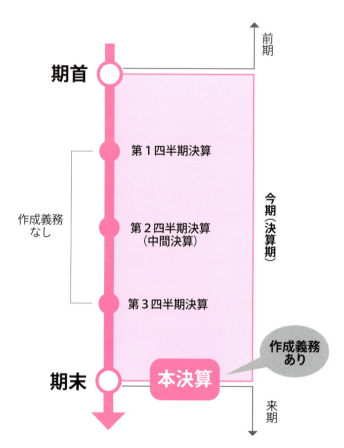

ただし、上場企業などには、第1〜第3四半期の決算書の作成義務が課されています。

A　最低でも1年に1回

　企業は最低でも1年に1回は決算を行い、その内容を決算書にまとめなければなりません。決算日は企業が自由に設定することができ、日本企業の多くは4月から翌年3月までの期間で決算を行っています。1月から12月、7月から翌年6月などとすることも可能です。また、一般的には月末を会計年度の最終日としますが、10日や28日などの月の途中に設定することもできます。

　決算書は、会計年度の最終日の段階での情報をまとめます。また、年ごとの決算（年次決算）のほかに、上場企業は3か月ごとに四半期決算をまとめて公表しています。たとえば、会計年度が4月から翌年3月までであれば、4月から6月を第1四半期、7月から9月を第2四半期（中間決算）、10月から12月を第3四半期、1月から3月を第4四半期（本決算）として各期間の情報をまとめます。学校の各学期の終わりに手渡される通知表のイメージです。

　上場企業は、決算日から45日以内に決算書を公表しなければならず、この期限を過ぎるとペナルティが発生することもあります。

　また、上場企業は、決算書とは別に、**企業の概況や事業の状況などをまとめた有価証券報告書（有報と略します）も公表します。** これは決算書だけでは分からない企業の情報をまとめた書類で、提出は決算期から90日以内と決められています。決算数字以外の従業員人数であったり、株主の情報であったり、子会社の情報であったり、事業の強みやリスク、環境問題への取り組みも載っているので、その企業の「百科事典」や「解体新書」とも言えますね。

1-4

Q4 決算書はどこで見られる？

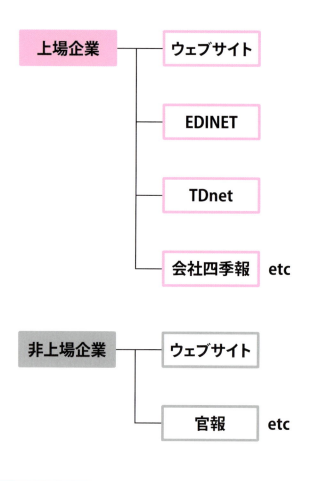

A　ウェブサイトや四季報などで閲覧可能

　企業の決算書は、上場企業と非上場企業で閲覧できる場所が異なります。**それぞれ、以下の場所で確認できます。**原則すべての株式会社は決算書を公告する義務があります。非上場の会社の多くは、これを実施していませんが、罰則も厳しくなく、適用されていないのが実情です。

▶ **1　企業のウェブサイト**
　上場企業は、自社のウェブサイトにIR（インベスター・リレーションズ）ページを設け、決算書、有報、事業に関するプレスリリースなどを投資家向けに開示しています。

▶ **2　EDINET、TDnet**
　上場企業は法定開示書類などをEDINETとTDnetなどへ提出・開示する義務があります。EDINETは金融庁、TDnetは東京証券取引所が運営しています。これらの機関に提出された情報は、ウェブサイトで誰でも無料で閲覧することでがきます。

▶ **3　会社四季報**
　会社四季報は、東洋経済新報社が発行する企業情報誌（デジタル版もある）です。会社四季報には、上場企業の財務情報、業績、編集部が分析した情報などが記載されています。

▶ **4　官報**
　官報は日本政府が発行する機関紙です。官報のなかに「決算公告」というものがあり、会社によっては、ここに決算書を掲載している企業もあります。

　非上場企業の決算書は、閲覧が難しくなりますが、一部の企業は官報の検索サービス、法務局が保管している商業登記簿のオンラインサービス、企業のウェブサイトなどで確認できます。

Q5 「決算書」って何?

	決算書	
	財務諸表	計算書類
法律	金融商品取引法	会社法
対象	上場企業など	すべての会社
中身	・貸借対照表 ・損益計算書 ・キャッシュフロー計算書 ・株主資本等変動計算書 ・附属明細表	・貸借対照表 ・損益計算書 ・株主資本等変動計算書 ・個別注記表

ほぼ同じものを指す

財務3表(貸借対照表・損益計算書)

A 企業が作成する「財務3表」を中心とした資料のこと

　実は「決算書」というのは一般的な呼び方で、正式な用語ではありません。正式には、**上場企業などが作成する決算書は「財務諸表」、上場会社を含むすべての会社が作成する決算書は「計算書類」と呼ばれます。**厳密には違いがありますが、法律上の名称の違いであり、基本的には同じものと考えて問題ありません。

　財務諸表には、「貸借対照表」「損益計算書」「キャッシュフロー計算書」「株主資本等変動計算書」「個別注記表」「附属明細表」などが含まれますが、**特に重要なのが「貸借対照表」「損益計算書」「キャッシュフロー計算書」の3つで、これらは総称して「財務3表」と呼ばれています。**それほど重要な決算書であるということです。

　本書では主にこの財務3表を中心に紹介していきますが、それぞれを簡単に説明すると次の通りです。

「貸借対照表」・・・現在の財政状況が分かる
「損益計算書」・・・一定期間でどれだけ利益を上げたかが分かる
「キャッシュフロー計算書」・・・一定期間でどれだけ現金の出入りがあったかが分かる
「株主資本等変動計算書」・・・一定期間における「貸借対照表」の「純資産」の変動内容が分かる
「個別注記表」・・・決算書の作成方法や補足情報が分かる
「附属明細表」・・・決算書の一部科目の明細が分かる

　このように、それぞれの書類には異なる役割があり、それらをまとめて「決算書」と呼ばれています。

Q6 決算書の作成にはどんなルールがある？

	財務会計	管理会計
目的	関係者に報告	経営に役立てる
必須?	義務	任意
主な法律	会社法、税法、金融商品取引法など	なし
つくり方	企業会計原則	財務会計をベースに、会社のルール

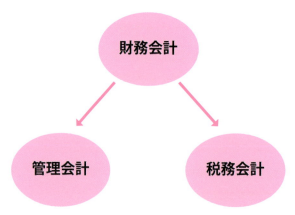

A 「会計基準」に基づいて作成

決算書は、「会計基準」という原則と、それに則って作成された会社のルールに基づいて作成されます。

▶ 企業会計原則について

まず決算書の作成は企業会計原則を踏まえなければなりません。これは日本国内で事業を行う全ての企業が遵守する基本的なルールで、1949年に策定されました。法律ではないですが、会計にとっての法律のようなものです。**決算書作成の原理原則を示すものなので、これを破ると「不正会計（ウソの決算書）」につながります。**

▶ 国ごとの違い

実は、日本の会計ルールは世界のルールとは異なっており、世界には大きく分けると、「日本基準」「米国基準」「国際基準」の3つがあります。日本企業の多くは「日本基準」を使って決算書を作ります。しかし、上場企業はグローバルに事業を展開していたり、海外の投資家も多いため、グローバル基準である「国際基準（IFRS）」に基づいて決算書を作成するケースが増えています。国際的な基準を用いることで、**投資家にとって、海外企業と比較して分析しやすくなります。**

▶ 財務会計と管理会計について

会計には財務会計と管理会計があります。**財務会計は、そもそも外部の企業のステークホルダーに向けた財務情報を提供することを目的とするもの**です（外向け）。一方の**管理会計は、経営の管理（マネジメント）に役立てることを目的とするもの**です（内向け）。たとえば資金繰りを見たり、予算との比較をしたり、どの製品の売れ行きが好調か確認したりと、会社によって色々なやり方があります。これらの情報を踏まえて、経営者や管理職は経営判断を行います。

Q7 貸借対照表はどんなもの？

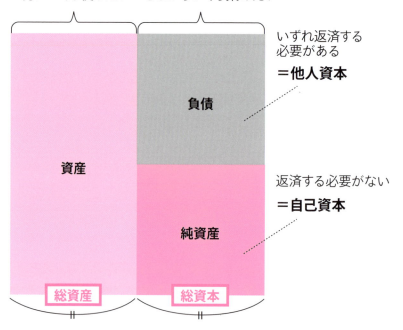

A 会社の「財産」や「資金調達方法」が分かる報告書

貸借対照表は、Balance Sheet（BS）とも呼ばれ、**「ある時点の」企業の資産や負債をまとめたもので、財務3表の1つです。** 個人に例えるなら、今現在、貯金はいくらあるのか、持っている車の価値、返さなければいけない借金の額などを一覧にまとめたものと言えます。

貸借対照表は、資産、負債、純資産の3つのブロックで構成されており、それぞれのブロックには以下のような情報が示されています。

——右側（お金がどこから来たか）——

▶ **負債**

負債のブロックは、企業が返済や支払いの義務を負っているものが書かれています。銀行などからの借入金や、取引先に支払い予定の金額（未払金）などです。

▶ **純資産**

純資産は、返済や支払い義務のないお金のことです。投資家からの出資金、過去からの利益の積み重ね（利益剰余金）などは純資産の一例で、これらを使いながら事業を動かしているという点で、純資産も負債と同様に、企業の資金調達の情報を示しています。

——左側（お金がどう運用されているか）——

▶ **資産**

資産は、企業が所有する財産や権利を示しています。財産は、現金、顧客から支払われる予定の金額（売掛金）、在庫、建物や土地といった資産です。**右側（負債と純資産）の合計額は、左側（資産）の合計額と必ず一致します。**

Q8 損益計算書を見て何が分かる？

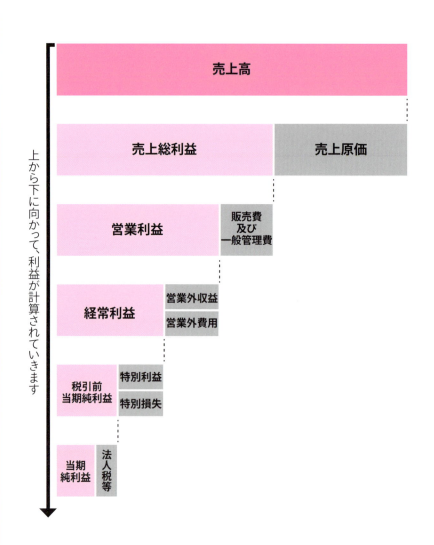

A　儲かったかどうかが分かる

　損益計算書は、Profit and Loss Statement（PL）とも呼ばれ、「一定期間の」売上や、そのためにかかった費用、その結果としての利益をまとめたもので、財務3表の1つです。 PLは、決算期間（会計期間が1年の場合は1年間、四半期決算の場合は3か月間）に獲得した売上（商品やサービスを提供して得た収入の総額）を最上部に記し、経費や税金などの支払額を計算しながら、最下部に純利益を記します。これを上から順番に見ていくことで、単なる利益の額だけでなく、何が原因で利益が出たのか、あるいは出なかったかなどの概要が掴めます。
　PLは、売上高を元にして、以下の5つの利益を明確にします。

- 売上総利益：売上高から売上原価を差し引いた金額
    → 商品やサービスのチカラが分かる
- 営業利益：売上総利益から販売費や一般管理費を差し引いた金額
    → 本業のチカラが分かる
- 経常利益：営業利益に本業以外の利益や費用を加減した金額
    → だいたいこれくらい稼げるという実力が分かる
- 税引前当期純利益：経常利益に一時的な利益や損失を加減した金額
    → その名の通り、税金を払う前の利益
- 当期純利益：税引前当期純利益から法人税などを引いた最終的な利益
    → 最後に残った利益。株主への配当の元になる

　PLは、個人で言えば「家計簿」です。今月の月収と、それに課される税金、食費や交際費、家賃などの項目ごとに把握することで、何が家計を圧迫しているかが分かります。また、前月までの内容と比較することで収益や費用の増減が分かり、**最終的な手残りを増やすための施策や工夫を考えることができます。**

Q9 キャッシュフロー計算書は何が分かる？

実は…

BSとPLだけだと お金の動きはわからない

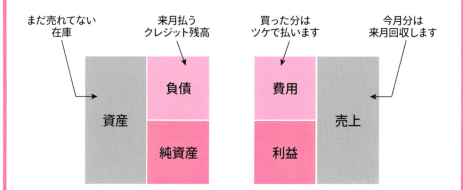

- まだ売れてない在庫 → 資産
- 来月払うクレジット残高 → 負債
- 買った分はツケで払います → 費用
- 今月分は来月回収します → 売上

お金の動きを ・本業 ・投資 ・借入等の動き の

3ジャンルに分けて"お金"を把握するための**決算書**

A　お金がどう増えたか（減ったか）が分かる

　キャッシュフロー計算書は、Cash Flow Statement（CS）とも呼ばれる財務3表の1つです。その名の通り、キャッシュ（現金）のフロー（流れ）を表すもので、企業が持つお金に着目し、**一定期間中の取引によって手持ちのお金がどのように変化したかを示します。**
　CSの内容は以下の3つの活動に分けて整理します。

▶ 1　営業キャッシュフロー
　本業に関連する活動によっていくら稼いだかを表します。家計に例えると、給料などの収入が50万円、生活費として使った支出が30万円であれば、家計の営業CFは20万円です。これがマイナスだと、営業活動するほどにお金が減っていく状態なので、改善が必要です。

▶ 2　投資キャッシュフロー
　事業への投資活動や、土地などの資産の売買によってどれくらいのお金が動いたかをまとめたものです。家計に例えると、車などを購入した場合はマイナス、株などを売却して収入を得た場合にはプラスになります。

▶ 3　財務キャッシュフロー
　金融機関などからの貸し借りや株主との取引（出資や配当）でどれだけお金が動いたかを表します。借入金によってお金が増えた場合はプラス、返済によって借入金の残高が減った場合はマイナスとなります。

　これらの項目を足し引きすることで、一定期間における「最初にあったお金」と「動いたお金」、そして「最終的に残ったお金」を明らかにします。企業にとって「資金繰りの管理」は存続に直結する重要な要素であり、キャッシュフロー計算書は非常に重要な決算書の1つです。

1-10

Q10 財務3表はどのようにつながっている？

前期の貸借対照表（BS）

資産の部	負債の部
現金及び預金　××	
	純資産の部

当期のキャッシュフロー計算書（CS）

- 営業キャッシュフロー
- 投資キャッシュフロー
- 財務キャッシュフロー

当期増減額
期首残高
期末残高

当期の損益計算書（PL）

費用	収益
	当期純利益

当期の貸借対照表（BS）

資産の部	負債の部
現金及び預金　××	
	純資産の部
	繰越利益剰余金　××

A PLとCSを通して、去年のBSと今年のBSがつながっている

　企業の財務3表は、それぞれ異なる視点（BSは資産や負債、PLは利益、CSは現金）から企業の財務状況を示しています。しかし、**これらは個別に存在しながら、お互いに連動しています。**そのため、財務3表のつながりを掴むことは、企業の経営や財務を正しく理解することにつながります。

　財務3表の関係では、まず**PLとBSは当期純利益でつながっています。**PLの当期純利益は事業によって獲得した最終的な利益（または損失）であるため、利益が出た場合は企業が持つ返済義務のない純資産（項目としては繰越利益剰余金）が増えます。赤字だった場合は、過去から積み上げている繰越利益剰余金が減ります。

　CSとBSは現金及び預金でつながっています。BSの資産の部（左側）に記載される現金は、CSに記載される期首と期末の現金及び預金残高と連動しています。

　CSとPLは、税引前当期純利益でつながっています。これは、PLで計算する利益は必ずしもお金の動きとは関係ないものもあるので、お金の動きを把握するために、PLをスタート地点として、お金の動きを調整してCSを完成させます。ここは少し難しいので、そういうものなのだと、頭に入れておいていただければ大丈夫です。

コラム①

Q11　複式簿記を考案したのは誰？

　複式簿記を考案したのは、イタリアの数学者で修道士でもあったルカ・パチョーリ（Luca Pacioli）です。彼は、1494年に『算術、幾何、比および比例の総覧（Summa de Arithmetica, Geometria, Proportioni et Proportionalita）』という書籍を出版。この中で、パチョーリは複式簿記の考え方と、その記帳方法を詳しく解説しました。この本がきっかけで、複式簿記が広く知られるようになり、パチョーリは「簿記の父」として有名になりました。

　複式簿記とは、すべての取引が2つの異なる側面から記帳される会計方法であり、必ず「借方」と「貸方」に分けて記録します。 これにより、すべての取引が企業の財務状況にどのような影響を与えるのかを正確に把握できるという利点があります。

　それ以前の「単式簿記」では、すべての取引が一方向にしか記録されませんでした。これでは企業全体の財務バランスを正しく理解することが難しく、不正確な会計になりがちでした。しかし、パチョーリの複式簿記によって、**お金の流れや企業の財務状況を正確に記録し、確認できるようになりました。これが、ビジネスの透明性を高め、財務管理を強化する大きな革新となったのです。**

　複式簿記の仕組みは、その後ヨーロッパ中に広まり、商人や銀行家たちが積極的に活用するようになりました。パチョーリの考えたこの記帳方法は、現在の会計システムの基本ともなっており、今の企業も同じ考え方に基づいてお金の流れを記録しています。複式簿記の登場は、商業活動や企業の経営に大きな変革をもたらし、今でもその恩恵を私たちは受けているのです。

第 2 章

今年の診断結果は？
貸借対照表（BS）は
健康診断

2-1

Q12 貸借対照表はどんなことが分かる？

貸借対照表
(Balance Sheet)

脂肪
（貯蓄）

流動資産	負債
固定資産	純資産

食事内容
（バランス）

筋肉
（稼ぐ力）

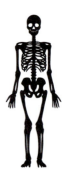
骨格
（基礎体力）

A 会社の「財政状態」＝「健康状態」が分かる

　貸借対照表は、英語でBalance Sheet（BS）と呼ばれ、会社が持っている「財産」や、誰かに支払わないといけない「義務」が数値化されているため、これらを読み解くことで、**会社の財務の健康状態が分かり、安全性はもちろんのこと、会社のビジネスモデルなども見えてきます。**

　まず左側の資産の部には**「流動資産」**が記されています。これは短期間で現金化できる資産のことです。人間の体で言えば、「脂肪」に当たります。これを消費してエネルギーを生み出すため、体にとっても会社にとっても絶対に必要なモノです。ゼロになると危険ですが、あまり蓄えすぎるのも良くないでしょう。

　その下の**「固定資産」**は長期的に使用される資産のことです。人の活動を支える筋肉のようなもので、この項目が充実している企業ほど稼ぐ力が高いと言えます。自動車メーカーの例で言えば、「工場」や「機械」といった固定資産を使って車を生み出し、稼いでいます。

　BSの右側は、上部に**「負債」**の部があります。これは企業が返済や支払いの義務を負っているもので、人に例えるなら「食事内容」と言えます。食事をして、左側の脂肪や筋肉に変えていきますが、食べ過ぎは危険ですし、不足していてもエネルギーが出ません。負債は、食事と同じように常に「バランス」が大事になります。

　負債の部の下には**「純資産」**の部が記されています。これは「資産」から「負債」を引いた残りの金額です。純資産が多いほど、健康的であると言え、人でいうところの「骨格」にあたります。人は最後は骨だけになるとも言えますが、会社を閉じるときにはこの「純資産」が基礎となる点で共通しています。

　このような情報をまとめたBSは企業の財務の健康状態を見るための診断書の役割を果たします。

2-2

Q13 貸借対照表では分からないことは何？

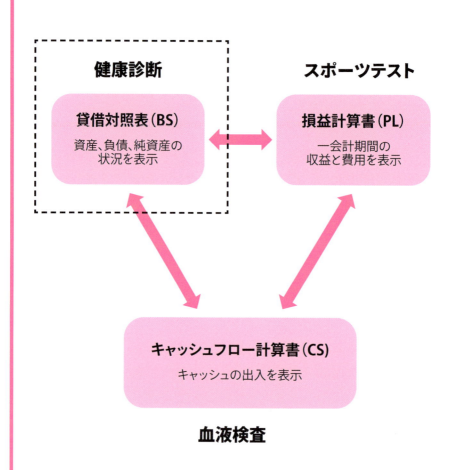

A　収益性

　貸借対照表（BS）を読むことにより、企業がどのような資産を持ち、それらをどのように運用しているかが分かります。一方で、BSからは分からないこともあります。まず**企業の収益性は分かりません。**BSは、あくまで資産と負債の状況を示すものであるため、その背景として、いくら稼いだか、稼ぐためにどれくらいのコストを使ったか、その結果として利益がどれくらい残ったかといった情報は読み取れません。その内容や内訳を知るためには損益計算書（PL）を確認する必要があります。

　また、企業が持つ現金の総額は資産の部に記されますが、**現金がどのように動き、残高がどう変化したか（キャッシュフロー）は分かりません。**キャッシュの詳しい動きを知るためにはキャッシュフロー計算書（CS）を確認する必要があります。

　BSはあくまで「その時点の残高」であり、今までの活動の蓄積の結果なので、今どれだけ稼ぐチカラがあるのかについては分からないということです。たとえば、ある人の貯金残高を聞いても年収までは分からないのと同じです。

　ただ、**BSを去年と今年のBSで比較してみることで、今年1年でどんなことが起きたのかを想像することはできます。ぜひそんな「比較」の視点でBSを見てみてください。**

2-3

Q14 貸借対照表がバランスシートと言われるのはなぜ？

Total Assets
資産

Current Assets
流動資産

Non-Current Assets
固定資産

Total Liabilities
負債

Current Liabilities
流動負債
＋
Non-Current Liabilities
固定負債

Net Assets
純資産

Share Capital
株式資本

A　1. 左右でバランスが取れているから
　　2. バランス＝残高を表しているから

　貸借対照表はバランスシート（BS）と呼ばれます。その理由は2つあります。**1つ目の理由は、BSの右側（負債の部と純資産の部）と左側（資産の部）の合計額が同じであり、バランスが取れた状態である（金額的にバランスが取れていなければならない）ためです。**

　BSは、右側が企業活動に必要な資金をどのように調達しているかを表し、左側で、その資金をどのような形で運用しているかを表します。企業は、調達した資金などを何かしらの形で運用しているはずで、つまり「負債＋純資産＝資産」となり、左右のブロックの合計金額が一致します。このような仕組みであることから、BSは左右のバランスが取れていることを前提とした決算書と言えるわけです。

　2つ目の理由は、バランスは英語で残高の意味を持ち、BSに書かれている数字がその時点での残高を表しているためです。BSを構成している3つのブロックは、負債の部が借入金などの残高、純資産の部が返済義務のない資金の残高、資産の部が運用している資産の残高を示しているため、その性質を踏まえてバランスシートと呼ぶのです。ちなみに一般的には左右のバランスが合致するからBSと呼ばれている、と解釈されることが多いのですが、本来は2つ目の理由である残高がBSの名称の由来です。

　名称の由来とは関係ありませんが、BSは資産と負債や、負債と純資産のバランスを見て分析をするための資料として活用します。たとえば、短期的な負債を返済できるだけの現金があるか、負債の総額に対して十分な純資産があるかといったことについて、投資家、取引先、債権者、経営層などがそのバランスに着目します。また、投資家はそのバランスを見て投資リスクや成長性を判断し、金融機関も同様にBSの情報を踏まえて融資するかどうかを判断します。

2-4

Q15 「資産の部」を構成する3つの資産は何？

資産の部	負債の部
流動資産（1年以内に現金化できる資産） 　現金・預金 　売掛金 　棚卸資産 　短期貸付金	**流動負債** 　買掛金 　短期借入金 　未払金
固定資産（1年を超えて保有する資産） 　土地 　建物 　工具器具備品 　出資金 　敷金 　保険積立金	**固定負債** 　長期借入金 　社債
	純資産の部
繰延資産	**株主資本** 　資本金 　資本剰余金 　利益剰余金

A 「流動資産」「固定資産」「繰延資産」の３つ

　BSの資産の部は、企業が所有する資産をまとめて記しています。**資産の部は、流動資産、固定資産、繰延資産の３つに分けられます。**

▶ **流動資産**
　BSにおける「流動」は１年以内という意味で、流動資産には、現金、在庫、これから受け取るお金（売掛金）、未収金など**１年以内に現金化できる資産**をまとめています。これらは企業の防御力であり機動力でもあります。その合計金額が大きいほど安全性は高く、突発的な支払いや投資機会にも対応しやすくなります。

▶ **固定資産**
　BSにおける「固定」は**１年を超えて中長期的に保有する**という意味で、土地、建物、機械設備などがここに含まれます。流動資産と違って、すぐには現金化しづらいものであったり、そもそも「売る」のではなく、活用することでお金を生むことを目的に持っている資産のため、「固定資産」に分類されます。

　他の企業への投資や、資産運用を目的とした投資のほか、特許権、商標権、ソフトウェアなど形のない資産（無形固定資産）も含みます。土地や建物といった形がある資産（有形固定資産）と同様に利益を生み出す源泉として活用されます。

▶ **繰延資産**
　繰延は期限を延ばすといった意味の言葉で、決算書では、「今年払ったけど、来年以降も効果があるモノ」をこの資産に計上することがあります。売ってお金にできるような資産ではないので、「資産は多いがその多くが繰延資産」という会社があれば要注意です（かなりレアなケースです）。

2-5

Q16 「負債の部」を構成する 2つの負債は何？

資産の部	負債の部	
流動資産 　現金・預金 　売掛金 　棚卸資産 　短期貸付金	**流動負債** 　買掛金 　短期借入金 　未払金	➡ 1年以内に支払う義務がある負債
固定資産 　土地 　建物 　工具器具備品 　出資金 　敷金 　保険積立金	**固定負債** 　長期借入金 　社債	➡ 1年超にわたって支払う義務がある負債
	純資産の部	
	株主資本 　資本金 　資本剰余金 　利益剰余金	

A 「流動負債」「固定負債」の2つに分けられる

　BSの負債の部には、企業が将来的に返済または支払うものがまとめて記されています。資産の部は、**流動負債**と**固定負債**の2つに分けられます。

▶ **流動負債**

　1年以内に返済または支払いの義務がある負債です。たとえば、1年以内に返済する短期借入金や、ツケで仕入れた商品の未払いの代金（買掛金）がここに含まれます。また、先に代金をもらい、商品などを提供していない場合も、商品提供の「義務」を負っているという意味合いで、「前受金」として記します。さらに従業員に支払う賞与も、その見込み額を賞与引当金として流動負債に含めます。

▶ **固定負債**

　固定負債は、**1年超にわたって返済または支払う義務がある負債**です。企業が資金調達のために発行した社債や、金融機関からの長期の借入金などがここに含まれます。また、将来的に従業員に支払う退職金（退職給付引当金）もここに記されます。ちなみに社債による資金調達は将来返す義務があるため負債になりますが、株式を発行して調達する資金は返す義務がないため負債には含みません。

　個人に例えると、クレジットカードの引き落としが来月になる分は流動負債。住宅ローンのうち、1年以内に返す金額は流動負債で、それ以外はすべて固定負債となります。そのため、特に流動負債の金額は、「手元にいくらお金を持っておく必要があるか」を考えながら、そのバランスを注視しておくのが大事です。

2-6

Q17 「純資産」を構成する主な3つの項目は何？

資産の部	負債の部
流動資産 　現金・預金 　売掛金 　棚卸資産 　短期貸付金	**流動負債** 　買掛金 　短期借入金 　未払金
固定資産 　土地 　建物 　工具器具備品 　出資金 　敷金 　保険積立金	**固定負債** 　長期借入金 　社債
	純資産の部
	株主資本 　資本金 　資本剰余金 　利益剰余金

→ 返済義務がないお金

A 主に「資本金」「資本剰余金」「利益剰余金」の3つで構成されている

BSの純資産の部には、資本金、資本剰余金、利益剰余金などが記されています。これらは、負債の部に記される項目とは違って返済義務はありません。そのため純資産の金額が大きいほど安全性が高いといえます。

純資産の部に含まれるのは主に以下の3つです。

▶ **資本金**

資本金は、**企業の設立時に用意した資金や増資によって出資者から受け取った資金**です。これは企業の基礎体力に相当します。ただ、資本金は今その金額が会社にあるわけではなく、「昔、株主からその金額の出資があった」という情報なので、現在ではあまり意味がある数字ではないのが実情です。

▶ **資本剰余金**

資本剰余金は、**株主から出資を受けた金額のうち、「資本金にしなかった金額」**であり、これも積極的な意味合いがある数字ではありません。

▶ **利益剰余金**

利益剰余金は、**企業が事業活動で得た利益のうち内部留保しているお金**です。通常、企業は利益の一部を配当などによって株主に分配します。配分を出して余った分は利益剰余金として純資産となります。利益剰余金は非常に重要で、これがプラスなら、今までの事業活動の結果利益を積めていますが、マイナスだと累計で損をしているので、過去の損失が影響しているのか、今でも利益が生めていないのかなどを、PLを見ながら確認することが大事です。

以上の3つのほか、自己株式、評価・換算差額等、新株予約権、少数株主持分があり、これらを合わせて「純資産」と言います。

Q18 借金はない方が良い？

負債がない状態

負債がある状態

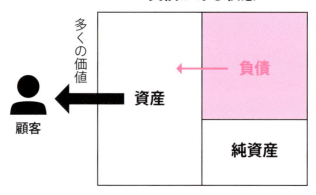

A 「借金ゼロ」は、必ずしも良いわけでない

　一般的に、負債は悪いイメージが強く、「ない方が良いもの」と思われがちです。しかし、**経営では負債を持つことにもメリットがあります。**

　借入金は大きくなるほど返済負担が大きくなり、日々の資金繰りに苦労したり、返済ができなくなれば企業の信用が失われ、最悪の場合、倒産という結果にもつながります。

　一方で、**借入をすれば、当然ながら負債は増えるものの、その分の「お金」が入るため大規模な投資や事業拡大の機会が広がります。** たとえば、手持ちの1億円で事業をするよりも、10億円の資金を使えるようにする方が成長につながる選択肢が広がり、経営のスピードも速くなります。

　言い換えると、負債が少ない（ない）企業は安全性は高いのですが、**負債がない無借金経営は企業の成長のために投資できる金額も手持ちの資産に制限されます。** つまり、リスクが小さい分だけリターンも小さくなる可能性があるため、リスクとリターンのバランスを考えながら意思決定する必要があります。

　こういった視点からBSを見てみると、企業がどんな戦略をとっていきたいのか読み取れるかもしれません。

2-8

Q19 この状態はなんという？

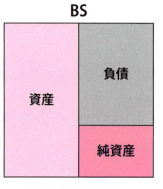

通常の貸借対照表

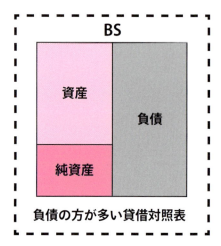

負債の方が多い貸借対照表

A 債務超過

　企業は利益を出さない限り継続して経営していくことはできません。そのため、通常の状態であれば、貸借対照表は左の図のようになります。つまり、「資産＞負債」で、純資産がプラスという状態です。

　しかし、起業後間もなかったり、経営がうまくいっていない状況だと、「資産＜負債」で、純資産がマイナスという状態が起こり得ます。これは、**資産よりも負債が多い状態なので、その状態の通り「債務超過」という非常に危険な状態です。**

　このようになってしまう原因は「事業の赤字」や「投資の失敗」など色々なことが考えられますが、たとえば買収も視野に、早急に「資本」を入れてもらったり、負債を資本に変えてもらったり（デットエクイティスワップといいます）、借入の返済期間を延ばしてもらったり、返済期間の長い借入をして、その間に事業を立て直したりと、施策を講じる必要があります。

　ニュースで「債務超過」という言葉を聞いたり、この状態の貸借対照表を見たら、ぜひそんなことに注意して分析してみましょう。

Q20 「資産」を身近なものに例えるとどうなる？

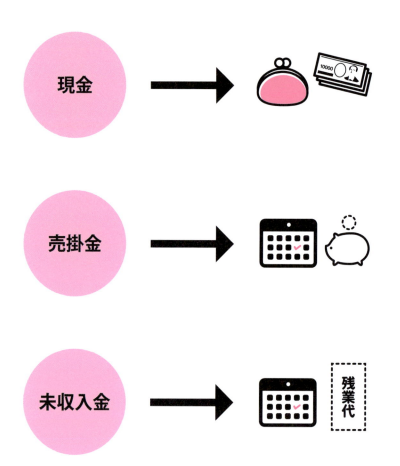

A 「棚卸資産」はラーメンの材料のようなもの

　貸借対照表（BS）の科目は、**日常の例に当てはめて考えると、イメージがつき、より分かりやすくなります。**
　まず、「現金（流動資産）」は分かりやすく、お財布の中に入っている現金や銀行に預け入れている預金です。
　「売掛金（流動資産）」は、商品やサービスを提供して代金を後で受け取る場合、その未回収の代金が「売掛金」としてBSに記載されます。
　「未収入金（流動資産）」は来月もらえる残業代のようなもので、将来的にお金を受け取る権利を表し、短期間で現金化される予定の資産に含まれます。売掛金と未収入金は同じ性格のものですが、本業の商品、サービスの未収入金が売掛金、それ意外は未収入金という形で区別されます。給料の残業代は通常翌月に払われるので、それをイメージしてみてください。
　「棚卸資産（流動資産）」は、たとえばラーメンの具材や原材料など、在庫として短期で現金化される見込みのある資産です。
　「立替金（流動資産）」は飲み会で立て替えたお金のように短期間で返してもらえる可能性のある流動資産にあたります。
　「機械装置（固定資産）」はラーメンを作る調理設備のようなものです。つまり企業が製品を作るために必要な設備です。
　「長期貸付金（固定資産）」は少し突飛な例ですが元カレに貸したままのお金のようなものです。回収が難しい場合は「貸倒引当金」を設定する必要があります。
　一方で、従業員を「資産」と捉える企業は日本でも増えていますが、決算書上で直接「資産」として表記されることはありません。決して、従業員は会社のモノではないと考えれば分かりやすいかもしれません。

2-10

Q21 「負債」「純資産」を身近なものに例えるとどうなる？

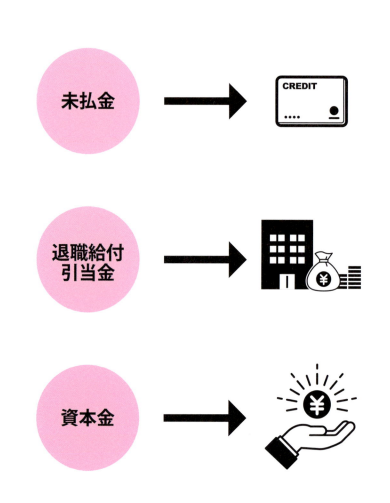

A 「未払金」はクレジットカードの引き落とし額のようなもの

　企業の貸借対照表（BS）に記載される**負債や純資産は、将来的な支払義務や出資を反映しています。これを日常の例で説明していきます。**

　負債の部の「未払金（流動負債）」は、クレジットカードの引き落とし額のようなものです。カードで購入した商品は、即座に支払うわけではなく、翌月などに支払います。企業でも、受け取った商品やサービスの代金を後で支払う義務がある場合、これが「未払金」として計上されます。

　引当金は、現在請求されているわけではないものの、将来の支払いが見込まれる負債のためにあらかじめ計上しておくものです。日常生活に例えると、スマホが壊れた場合に備えて修理費用を見込んでおき、それを負債として計上するようなイメージです。

　「退職給付引当金（固定負債）」は、従業員の退職金のための備えです。将来的に従業員が退職する際に支払う退職金に備えて、企業が積み立てる義務のある長期的な資金です。

　「長期借入金（固定負債）」は、返済期限が1年以上先の借入金のことで、学費のために借入れた奨学金のイメージです。

　純資産の部の「資本金」は、出資者から集めたお金なので、身近な例だとクラウドファンディングで集めたお金です。出資者は、会社の成長に期待して出資します。

　これらの負債や純資産は、企業の財務を支える重要な要素であり、健全な経営にはそのバランスが不可欠です。

2-11

Q22 Aさん、Bさん、Cさんはそれぞれどの BS？

Aさん

すごく派手な車に乗って、見た目も派手。だけどいつも借金に追われている。

Bさん

いつだって質素。だけどお金を借りることはなく、せっせと貯金している。

Cさん

戦略的でやり手。本業もうまく回しながらお金を借りて、投資なんかもしてる。

①
流動資産	流動負債
固定資産	固定負債
	純資産

②
	流動負債
流動資産	純資産
固定資産	

③
流動資産	流動負債
	固定負債
固定資産	純資産

A　Aさんが①、Bさんが②、Cさんが③

▶ **Aさん…①のBS**

　Aさんは固定資産が豊富で、一見すると資産が潤沢に見えますが、実際は短期的に支払うべき負債が多く、流動資産がギリギリの水準です。資金繰りが非常に厳しく、固定資産が多くても現金化できる資産が不足しているため、家計は**火の車状態**です。

▶ **Bさん…②のBS**

　Bさんは多額の現金や貯金を持ち、短期的には非常に安全で、負債が少なく、リスクも低いです。しかし、現金などの流動資産を活用せず、お金を寝かせている状態が続いています。安全な状態を保ちながらも、資産を活用してより積極的な運用を考えることができれば、さらに利益を得るチャンスがあります。現在の安定感も魅力的ですが、**運用次第でさらなる成長が見込める**でしょう。

▶ **Cさん…③のBS**

　Cさんは、流動資産を十分に確保しつつ、負債をうまく活用して資産を増やしており、さらに純資産も豊富です。この財務状態は、安定性と成長性のバランスが取れており、理想的な状態です。資金繰りに余裕があり、負債を適切に管理することで、将来的な成長にも対応できる柔軟性を持っています。Cさんのような**バランスの取れた財務状態**は、健全な成長を遂げる企業の典型例です。

　このように、Aさん、Bさん、Cさんの財務状況を比較すると、それぞれの強みや課題が浮き彫りになります。**財務のバランスが取れていることは、企業の持続的な成長につながる重要な要素**です。

2-12

Q23 A社、B社、C社はそれぞれどの業種？

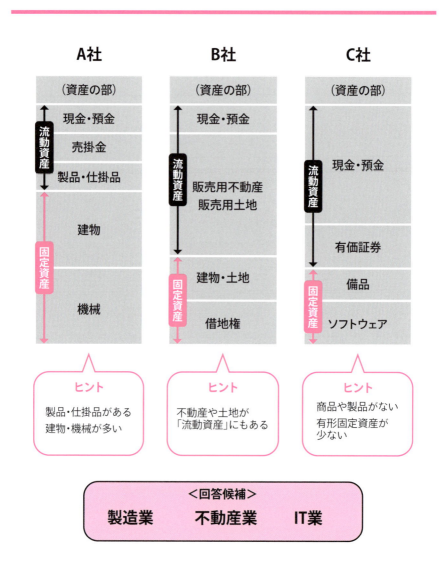

A　A社：製造業、B社：不動産業、C社：ＩＴ業

　企業の貸借対照表（BS）は、業種によって異なる特徴を持ちます。それは各業界のビジネスモデルに依存しています。製造業、不動産業、IT業のそれぞれの特徴を見ていくことで答えが導き出せます。

▶ 製造業の特徴…A社

　製造業は「固定資産」と「売掛金」の割合が大きいのが特徴です。工場や機械設備など、大規模な設備投資が必要となり、これらが「固定資産」として計上されます。また、製品を取引先に納品した後、代金を受け取るまでに時間がかかるため、「売掛金」が増える傾向にあります。設備投資が多い一方、現金回収に時間がかかるため、資金繰りが重要となります。

▶ 不動産業の特徴…B社

　製造業を含め、通常「建物や土地」は固定資産に計上するのですが、不動産業では異なってきます。彼らは不動産を「売る」ことが本業になるため、販売用の建物や土地が「棚卸資産」となり、流動資産になるのが大きな特徴です。ただし、自社で利用したり、売らずに賃貸で運用しているものは固定資産に含めます。

▶ IT業の特徴…C社

　IT業界では、「ソフトウェア」などの「無形資産」が大きな割合を占めています。物理的な設備が少なく、主にデジタル資産であるソフトウェアが資産として計上されるため、「固定資産」の割合は少なくなります。IT企業は設備投資に頼らず、デジタル資産に依存したビジネスモデルが特徴です。

　このように、業種ごとにBSの構成は異なり、それぞれの業界の特性を反映しています。

2-13

Q24 動物園にとっての動物
ペットショップにとっての動物
どこに区分する？

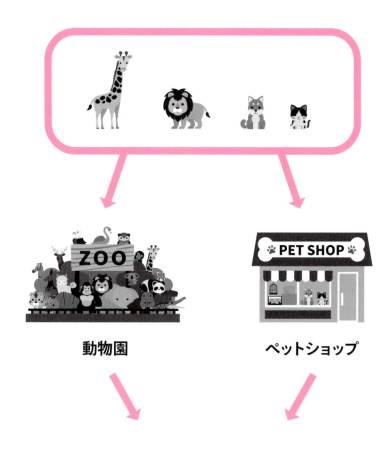

流動資産　or　固定資産

A　動物園：固定資産、ペットショップ：流動資産

　ペットショップでは、動物は「売り物」として扱われます。つまり、動物は短期間で販売されることが想定されており、在庫としての性質を持っています。そのため、ペットは「棚卸資産」として、流動資産に計上されます。これは、商品が在庫として扱われ、比較的すぐに現金化される見込みがあるためです。ペットショップのビジネスモデルは、動物を仕入れて短期間で販売することで収益を得る構造です。

　一方、動物園では、動物は「売り物」ではなく、長期間飼育し、来園者を集めるための資産と見なされます。動物園では、動物そのものが収益源というよりも、動物を使って集客し、入場料や関連グッズなどから収益を得る仕組みです。そのため、動物園にとって動物は長期的に利用する「固定資産」となります。

　このように、**ペットショップでは動物が「棚卸資産」、動物園では「固定資産」として扱われます。**

　貸借対照表は単なる数字の羅列ではなく、企業がどのように資産を使い、収益を上げているかを理解するための手がかりです。ペットショップと動物園の例のように、事業内容が異なれば資産の扱いも異なり、それによって企業の戦略や収益構造が浮かび上がってくるのです。

2-14

Q25 ―流動比率で判定―
短期目線で安全性が高いのはどっち？

流動比率

	② 当座資産	④ 流動負債
① 流動資産	その他の流動資産	⑤ 固定負債
③ 固定資産		⑥ 純資産

$$\frac{①\text{流動資産}}{④\text{流動負債}} \times 100$$

単位：百万円

	トヨタ自動車 （2024年3月期）	日産自動車 （2024年3月期）
流動資産	34,714,279	12,883,600
流動負債	29,177,909	6,926,939
流動比率	119.0%	186.0%

A　日産自動車

　企業は借入に限らず、常に負債を背負いながら事業をしています。負債を一切せずに事業を行うことは非現実的ですし、事業を大きくしていく上で負債は大事なエネルギーにもなります。ただし、負債は返済義務があるものなので、**着実に返済するための余力と計画が必要**です。黒字経営でも過度な返済によって手元の資金が不足すれば経営が立ち行かなくなる可能性があります。

　そのリスクを見る指標の1つが**「流動比率」**です。短期的に支払うべき金額が大きくても、それ以上に流動資産を持っていればリスクは小さいと言えます。流動比率はそのバランスを見るもので、BSの資産の部に記載される流動資産と、負債の部の上部に記載される流動負債で計算します。

　流動資産は1年以内にお金に変わる資産が中心で、主に現金、普通預金、売掛金、受取手形、棚卸資産などがあります。一方の流動負債は1年以内に支払いを要する負債が中心で、主に買掛金、未払金、返済期日が1年以内の借入金などが該当します。

　流動比率は**「流動資産÷流動負債」**で計算して％で表します。

　日産自動車とトヨタ自動車の流動比率は、それぞれ前ページの表のようになりました。この数字を見ると、トヨタも十分な返済能力を持っていますが、流動比率の点では日産の方がより安全性が高いといえます。

　流動比率は150％前後が安全性の目安といわれます。つまり流動負債の1.5倍の流動資産を持っていれば良いということです。

2-15

―当座比率で判定―

Q26 短期目線で安全性が高いのはどっち？

当座比率

```
①流動資産  ②当座資産     ④流動負債
           その他の流動資産  ⑤固定負債
③固定資産                ⑥純資産
```

$$\frac{②当座資産}{④流動負債} \times 100$$

単位：百万円

	グリー （2023年6月期）	DeNA （2024年3月期）
当座資産	103,859	107,720
流動負債	20,391	49,213
当座比率	509.3%	218.9%

A グリー

　前ページにおける流動比率には1つ問題点がありました。それは、流動資産の中には、必ずしもすぐに現金化できるとは限らないものが含まれている点です。たとえば「棚卸資産」や「前払費用」はその一例です。そこで、安全性をより正確に知るために、**「現金化しやすい資産」に焦点をしぼって計算する指標が「当座比率」**です。流動資産の中でも現金化しやすい資産を当座資産といいます。

　当座資産は、BSの資産の部に記載される流動資産の中で、現金、普通預金、売掛金、受取手形、未収金、売買を目的とした有価証券、1年以内に回収予定の債権などが該当します。

　この当座資金と、BSの負債の部に記載される流動負債（1年以内に支払いを要する負債）の金額を使って、安全性を見ます。これを**当座比率**と呼びます。当座比率は、流動比率で見る財務リスクをより深く見るための指標として用いられています。計算式は**「当座資産÷流動負債」**で、％で表します。

　グリーとDeNAの当座比率は、前ページの表のようになりました。グリーの当座比率は約500％と、短期で支払うべき負債に対して5倍の現金化しやすい資産を持っているということです。一般的には、当座比率は200％以上あれば安全といわれるため、当座比率から見たグリーの財務は安全で「死角なし」といえます。

　DeNAも200％を超えているため、短期の負債の返済力が十分にあり、財務リスクは小さいといえます。

2-16

Q27 長期目線で安全性が高いのはどっち？
—自己資本比率で判定—

自己資本比率

	② 当座資産	④ 流動負債
① 流動資産	その他の流動資産	⑤ 固定負債
③ 固定資産		⑥ 純資産

$$\frac{⑥ 純資産（自己資本）}{総資本（④＋⑤＋⑥）} \times 100$$

単位：百万円

	味の素 （2024年3月期）	キユーピー （2023年11月期）
純資産（自己資本）	814,691	281,884
総資本	1,774,495	426,006
自己資本比率	45.9%	66.2%

A　キユーピー

　会社は、事業に必要な資産や資金を自力で調達している割合が大きいほど安全性が高くなります。これはある意味当たり前で、自分で稼いだお金の範囲で事業をやっていれば潰れようがないからです。ここでは、BSの右側のブロックを構成している負債の部（他人資本からの調達）と、その下の純資産（自社で調達）のバランスを計算して把握することができます。この比率を、**自己資本比率**といいます。

　計算式は**「純資産（自己資本）÷総資本」**で、%で表します。自己資本は純資産の部に含まれる資本金、資本剰余金、利益剰余金の合計で、少数株主持分や新株予約権は現時点では企業の持ち物ではないため計算式には含みません。総資本はBSの右側全体の総額です。**自己資本比率の目安は業種によって異なり、食品、化学品、小売業などの上場企業は50%超、上場企業全体では40%以上あれば安全といわれます。**

　味の素とキユーピーを比べてみると、それぞれの自己資本比率は前ページの表のようになりました。どちらの企業も上場企業の平均である40%を超えているため、安全と言えます。とくにキユーピーは上場企業の中でも自己資本比率が高い水準で、その点での財務の安全性は極めて高いといえます。

2-17

―固定比率で判定―

Q28 長期目線で安全性が高いのはどっち？

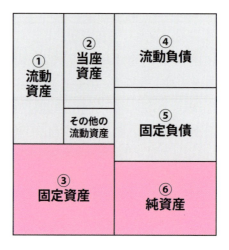

固定比率

$$\frac{③\ 固定資産}{⑥\ 純資産(自己資本)} \times 100$$

単位：百万円

	電通 2023年12月期	博報堂 2024年3月期
固定資産	1,494,844	344,625
純資産（自己資本）	841,651	384,952
固定比率	177.6%	89.5%

A 博報堂

　企業が持つ資産のうち、設備や建物など長期で保有し、運用するものを固定資産と呼びます。流動資産が1年以内に現金化できるものを指すのに対して、**固定資産は企業が長期的に事業に使う資産や、現金化するために1年超の時間がかかる資産を指します。**個人だと、株などはすぐお金に変えられますが、家や土地はすぐには売れないですよね。

　固定資産は、すぐには現金化ができず、取得にかかった費用を回収するための時間もかかるため、短期の借入金（流動負債）ではなく、長期で返済する固定負債や、返済義務のない自己資本で資金調達することが望ましいといえます。このうち、**固定資産と自己資本のバランスを見る指標が固定比率です。**

　固定比率の計算式は**「固定資産÷純資産（自己資本）」**で、％で表します。一般的には、固定比率は100％以下が望ましいといわれます。これは固定資産の総額よりも手持ちの純資産（自己資本）の方が大きい状態なので、借入に頼らずに固定資産を調達できているということです。そのため、安全性が高いと言えます。

　反対に、**固定比率が100％を超えている場合は、固定資産の総額が純資産（自己資本）を上回っている状態で、数値が大きくなるほど財務リスクが大きいといえます。**

　電通と博報堂の比較では、前ページの表のようになりました。この情報から、固定比率の点では博報堂の方が安全性が高いと言えます。

2-18

Q29 長期目線で安全性が高いのはどっち？
ー固定長期適合率で判定ー

固定長期適合率

```
①流動資産  ②当座資産    ④流動負債
           その他の
           流動資産    ⑤固定負債
③固定資産              ⑥純資産
```

$$\frac{③固定資産}{⑤固定負債 + ⑥純資産（自己資本）} \times 100$$

単位：百万円

	パーソルホールディングス （2023年12月期）	リクルートホールディングス （2024年3月期）
固定資産	206,040	1,381,902
固定負債＋ 純資産（自己資本）	245,345	2,377,789
固定長期適合率	84.0%	58.1%

A　リクルートホールディングス

　前ページでは、長期で運用する固定資産と返済義務がない自己資本の関係（固定比率）から、企業の長期的な支払い能力を確認しました。

　固定比率が100％以下の企業は、設備や不動産といった長期で運用する資産を、返済不要の資本でまかなえている状態で、財務の安全性が高いといえます。固定比率が100％を超えている場合は、自己資本を超える固定資産を取得している状態です。その不足分は借入金など他人資本でまかなわなければならず、その分だけ財務リスクがあるといえます。

　ただし、固定資産は長期で使うことが普通であるため、借入れも長期であることがほとんどです。その点を考慮して、固定資産に対して自己資本と固定負債の合計でバランスを見るのが、**固定長期適合率**です。

　計算式は**「固定資産÷（固定負債＋純資産（自己資本））」**で、％で表します。

　固定長期適合率が100％以下であれば、返済義務がない自己資本と、すぐに返済する必要がない長期借入金などで固定資産をまかなえている状態であり、財務リスクが小さいといえます。

　パーソルホールディングスとリクルートホールディングスは、それぞれ前ページの表のようになりました。どちらも100％以下で固定資産に伴う財務リスクは小さいといえます。また、リクルートホールディングスは50％台、つまり自己資本と固定負債が固定資産の倍近くあるため、固定長期適合率から見た財務は非常に優秀と言えます。

コラム②

Q30 決算書が広く使われるようになった理由は何？

　決算書が広く使われるようになったのは、産業革命とともに経済活動が大きく広がったことがきっかけです。18世紀から19世紀にかけて、工場を中心にした大規模な生産が始まり、それに伴って企業の活動がとても複雑になりました。**資金調達やコスト管理など、会社のお金の動きをしっかり把握する必要が高まったため、正確で透明性のある財務報告が求められるようになった**のです。そこで決算書が活用されるようになり、企業の資産や負債、利益の状況を分かりやすく示す手段として大切な役割を果たすようになりました。

　また、19世紀には株式市場も発展し、会社が株式を発行して資金を集めるようになりました。多くの投資家が企業に投資をする際に、その会社の経営がしっかりしているかどうかを判断する必要があります。そこで、**決算書が投資判断の基準として使われるようになり、企業も定期的に情報を公開するようになりました。**特にイギリスやアメリカでは、企業が四半期ごとや年次ごとに決算書を出すのが当たり前になりました。

　そして、第一次世界大戦の後、国際経済が一体化し、資本市場が成長したことで、世界中の投資家が企業の情報を簡単に理解できるよう、財務報告のルールが標準化されていきました。これにより、企業が決算書を作成して公開することが当たり前となり、世界中の投資家にとっても、企業の情報が見やすく、判断しやすくなったのです。このように、**決算書は企業の透明性を高め、資金調達や投資をスムーズにするための大切なツール**として、今も広く使われています。

第3章

50メートルは何秒で走れた？損益計算書（PL）はスポーツテスト

3-1

Q31 損益計算書はどんなもの？

損益計算書（PL）

⊕売上高（商品を売って得たお金）
⊖売上原価（商品を作ったり仕入れたりするのにかかったお金）
＝売上総利益（粗利） 商品を売った段階での儲け

⊖販売費及び一般管理費（販管費）（商品を売るのにかかったお金）
＝営業利益 本業での儲け

⊕営業外収益（受け取った利息など）
⊖営業外費用（支払った利息や手数料など）
＝経常利益 経営活動での儲け

⊕特別利益（土地を売って得たお金など）
⊖特別損失（災害やリストラなどで失ったお金など）
＝税引前当期純利益 その期に臨時で起きたことも加味した儲け

⊖法人税・住民税など
＝当期純利益 最終的な儲け

A 一定期間の会社の稼ぎを示したもの

損益計算書は、企業の収益、費用、利益をまとめた書類で、英語ではProfit & Loss statement（PL）といいます。PLの最上部には売上高が記され（最上部なのでトップラインとも呼びます）、以下、上から順番に5種の利益が記されています。

▶ **売上総利益（粗利）** …サービスそのものの実力が分かる

売上高から売上原価（商品の仕入れや製造にかかる費用）を差し引いたものです。**商品の販売活動そのもの**から得られる基本的な利益を示し、製品やサービスの価格戦略や原価管理の成否を表します。粗利が大きいほど、商品そのものの収益性が高いといえます。

▶ **営業利益** …本業の実力が分かる

売上総利益から販売費（広告費や物流費など）や一般管理費（人件費やオフィス賃貸費など）といった企業の営業活動全般にかかる費用を差し引いたものです。**本業での収益力**を示すため、企業の主たる事業の採算性や効率性を判断する際に重要な指標とされています。

▶ **経常利益** …本業以外も含めた稼ぐ実力が分かる

営業利益に営業外収益（受取利息など）を加え、営業外費用（支払利息など）を差し引いたものです。**本業以外も含む通常の経営活動**での利益を示します。

▶ **税引前当期純利益** …税金を計算する前の利益

経常利益に特別利益（資産売却益など）を加え、特別損失を差し引いたものです。税金を支払う前の最終的な利益を示します。税金等調整前当期純利益と言うこともあります。

▶ **当期純利益** …最後に残った利益

税引前当期純利益から法人税などの税金を差し引いたものです。企業が最終的に得る利益で、株主への配当や内部留保の原資となります。

3-2

Q32 損益計算書からどんなことが分かる？

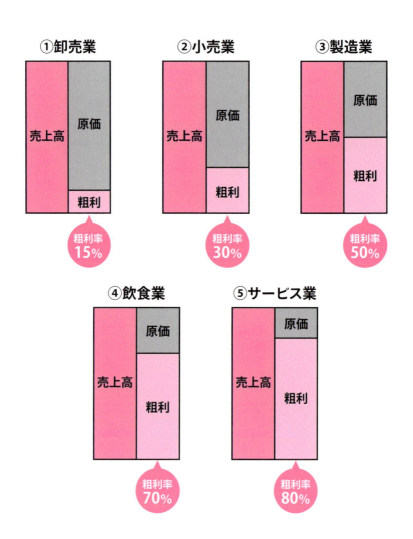

A　企業の稼ぐ力と利益獲得の経緯が分かる

　損益計算書（PL）は、売上高と5つの利益を見ることで、その企業がどれくらい稼ぐ力を持っているか、どれくらい効率よく利益を獲得しているかが分かります。また、過去のPLと比較したり、来期以降の予測を見たりすることによって、収益性の変化を把握することができます。**業績が伸びている企業は、売上高と利益（特に営業利益と当期純利益）が伸びていることが多く、とても重要な指標になります。**

　売上高の伸びは、企業の商品やサービスが世の中に広く浸透していることを表し、事業がうまくいっていると判断できます。たとえば、ユニクロを運営するファーストリテイリングは、株式を上場した1994年は約300億円の売上高でしたが、その後は店舗数を増やしながら売上高も右肩上がりに増え、現在はなんと3兆円を超えています。

　利益は売上高が増えればもちろんですが、売上高に対する仕入れや経費の総額が低くなるほど多くなります。つまり原材料や燃料を安く調達したり、人件費などの経費を効率よく使ったりすることが利益の増加要因になり、そのような成果を出している企業は売上高が伸び悩んでいたとしても業績は伸びていきます。

　売上高と利益の比率は**業種によって大きく異なる**という特徴があります。たとえば、卸売業などは商材の仕入れにかかる費用が大きく、製造業も製造にかかる原材料や燃料の費用が大きくなる傾向があり、他の業種と比べて売上総利益が低くなります。

　一方、サービス業は自社でものづくりをしないことが多いため売上原価が小さくなり、売上高に対する売上総利益の比率が大きくなります。このような傾向も踏まえて、企業は利益の源泉である売上高を伸ばすとともに、利益を増やす施策を考えます。

3-3

Q33 損益計算書では分からないことは何？

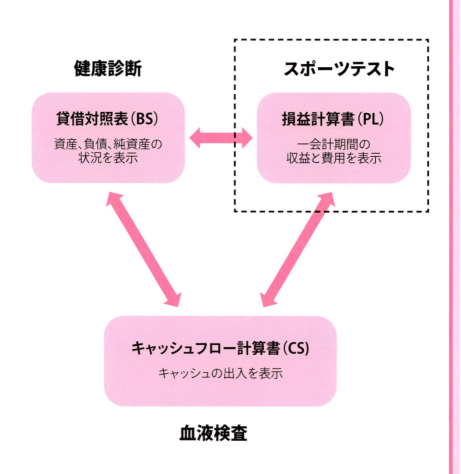

A 安全性

　PLは企業の稼ぐ力を数値化してまとめたものです。人に例えるなら、「去年の年収は800万円で、家賃と交際費にそれぞれ200万円、食費に100万円、娯楽費に70万円、交通費に30万円、その他に100万円を使い、最後に手元に残ったのは100万円でした」という具合です。

　なかなか優秀に見えますが、実は毎月10万円の借入返済があり、貯金は200万円しかないのに、借金が3,000万円あり、毎月どこかから借入れをしている…という状態かもしれません。

　これらはPLだけではなかなか表せず、稼いでいるように見えて実際はお金のやりくりが厳しい、というケースがよくあります。このように、**「安全性」についてはPLだけでは確認できないため、PLを見て「稼いでいるから大丈夫だ」と判断するのは危険**です。安全性を確認するためには、BS（貸借対照表）やCS（キャッシュフロー計算書）を併せて確認していく必要があります。

　PLは企業の収益力を示す重要な指標ですが、それだけで企業の全体的な財務状況を把握することはできません。BSは企業の資産や負債、純資産の状況を明らかにし、企業の財務的な安全性を測ることができます。さらに、CSでは現金の流れを確認し、利益が出ているだけでなく実際に手元に残る資金がどのくらいあるかを把握できます。

　これらの**決算書を総合的に見ることで、より正確に企業の状態を評価できる**のです。

3-4

Q34 売上原価って何？

損益計算書(PL)

| 当期純利益 | 税引前当期純利益 | 経常利益 | 営業利益 | 売上総利益・粗利 | 売上高 |

- 法人税等
- 特別損失 / 特別利益
- 営業外費用 / 営業外収益
- 販売費及び一般管理費
- 売上原価

A 販売した商品やサービスのために直接かかった費用

　PLは、売上高から売上原価を引くことによって売上総利益（粗利）を計算します。**売上原価は売上を獲得するためにかかった原価の総額**です。たとえば、100万円の製品を作るために50万円の材料費がかかった場合、売上高は100万円、売上原価（製造原価）は50万円です。この2つを割り算して求めるのが売上原価率で、上記の例の場合は50％（つまり売上高の半分が原材料など）です。**利益を増やすためには、高く売る、たくさん売るなどして売上高を伸ばすとともに、そのために必要な原材料費を抑えることが重要であるため、売上原価率が低いほど企業の収益性は高く、業績は良くなります。**

　少し混乱しやすいのが、売上原価は「商品やサービスを作るために直接かかった費用」だけを指すという点です。たとえば、商品を売るための費用（CM費用や営業スタッフの給料など）は含まれません。

　具体的に言うと、コーヒーならコーヒー豆、ハンバーガーならバンズやレタス、チーズ、お肉が売上原価になります。美容師のカットサービスなら、シャンプーやカラー材などの費用が含まれます。それぞれの店舗の家賃などは売上原価に含まれません。

　そのため、業界によって原価率は大きく変わります。物を売る業界では、仕入れにコストがかかるため、原価率が高くなりがちですが、スマホゲームのように物を売らない業界では、原価は比較的低くなります。このように、**売上原価や売上総利益は業界の特徴をよく反映している**と言えます。

Q35 売上原価がPLに載るタイミングは？

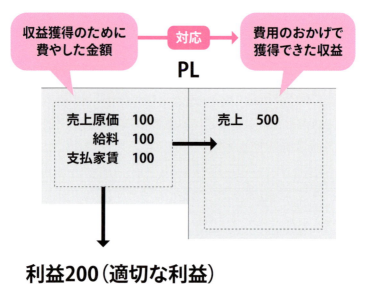

A　売上を計上したとき

　覚えておくべきルールに、**「費用収益対応の原則」**というものがあります。売上原価は、買ったときや作ったときではなくて、それが「売れたとき」にはじめて PL に載るルールです。つまり、**費用と収益を同じタイミングで対応させる**ということです。

　たとえば、ある製品を売って 100 万円の売上を獲得したとします。また、この製品を作るために、原材料と燃料費として 80 万円の費用（売上原価）がかかりました。

　ここで重要なのは、売上 100 万円の内訳が、80 万円の費用と 20 万円の利益であると分かるようにすることです。

　通常、費用は製品を販売する前に発生するため、販売して売上が計上されるタイミングとは時間差が生まれます。この 2 つをそれぞれが発生したタイミングで計上すると、前期は費用のみ計上することによって利益がマイナスになり、今期は売上だけ計上して利益が大きくなるといった状態になります。**費用と収益がセットになっていないため、企業の収益性が正しく把握できなくなる**わけです。

　この問題を解決するため、PL では会計期間内に獲得した収益に費用を対応させます。つまり 100 万円の製品を販売し、売上を計上するタイミングで、そのためにかかった費用を同時に計上します。

　原材料費として支払ったのが前期であっても、売上を獲得したのが今期であれば、その費用は今期の費用として計上します。100 万円の製品の半分だけ売れたのであれば、費用も半分だけ今期の費用として計上し、残りは資産として BS の資産の部に計上します。

　ちなみに費用と収益を対応させるのは製品など売上高と売上原価の関連性が明確なもので、売上との因果が見えにくい販売管理費などは発生した期の費用として計上します。

3-6

Q36 販管費って何？

損益計算書(PL)

| 売上原価 |
| 販売費及び一般管理費 |
| 営業外費用 / 営業外収益 |
| 特別損失 / 特別利益 |
| 法人税等 |

当期純利益 ← 税引前当期純利益 ← 経常利益 ← 営業利益 ← 売上総利益・粗利 ← 売上高

A　事業運営にかかる人件費や家賃などの費用

　企業が商品やサービスを販売し、収益を得るためには、どの業界でも販管費（販売費および一般管理費）がかかります。スポーツ選手に例えると、自分をアピールするための費用やコーチへの報酬、トレーニング施設の利用料、遠征費、栄養士への支払いなど、多様な費用が発生するのと似ています。こうした費用を投資することで、パフォーマンス（企業でいえば収益性）が向上しやすくなります。

　販売費と一般管理費を分けて説明すると、**まず販売費は、その名の通り、商品の販売活動にかかる費用です。例えば、CMに多くの費用をかける企業や、営業担当者の数が多く、給料が高い企業は、販売費が高くなる傾向があります。**

　一方、事業を進める上では販売活動以外にも費用がかかります。経営戦略の立案、オフィスの設置、新商品の開発などは、直接的には販売に関係しないものの、企業の運営と発展に不可欠です。こうした費用を一般管理費と呼び、売上には直接関係ないものの、企業経営に必要な「土台」といえるでしょう。

　よく「経費削減だ！」という声があがり、「コピーは白黒で」「移動は徒歩で（！）」などと指示が出ることがありますが、こうして削減できるものの大半が「販売費および一般管理費」です。さらに、大規模なリストラで人件費を削減するのもここに該当します。

　それだけ影響が大きいため、会社の方針は、この項目を詳しく分析すると見えてきます。「優秀な人材が最も重要だ！」という方針であれば、人件費が高くなりやすく、「企業イメージが大事なので、人気俳優やアイドルをCMで起用する！」という方針なら、広告宣伝費が大きくなるでしょう。

3-7

Q37 営業外収益や営業外費用はどのようなお金？

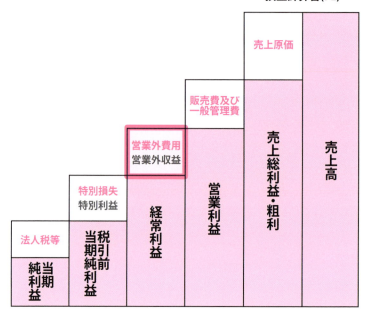

A 本業以外でいくら稼ぎ、使っているかが分かる

　本業で稼いだ営業利益に営業外収益と営業外費用を足し引きして経常利益を計算します。

　「営業外」は企業の本業以外という意味で、営業外収益には、受取利息、受取配当金、為替差益などが含まれます。営業外費用も同様に、本業以外で使う費用を意味しています。 たとえば、支払利息、為替差損などが含まれます。

　家計に置き換えると、会社員の主な収入は給料ですが、預金の利息、株式の配当金、ブックオフに売った本のお金などが入ってきて、これが営業外収益に相当します。一方、住宅ローンの支払利息や株取引の損失は営業外費用に相当します。

　「本業ではないけれど、高い頻度で発生する収益や費用」を集計するので、経常利益は「いつもだいたいこれくらいは稼げる」というのが見えてきます。

　たとえば、トヨタ自動車やソフトバンクグループなどは国内外のグループ会社や出資企業が多く、それらの企業から配当金を受け取ります。そのため、売上高に対する営業外収益も多く、本業以外で収益を獲得する手段が多様です。日立製作所、三菱電機、NTTなども受取利息が多く、これも重要な収益となっています。

　家計で考えてみても、副収入があれば家計に余裕が生まれますが、ローンの利息などが大きくなるほど家計負担が大きくなり、手元に残るお金が減ります。そのような観点から、営業外の収益と費用は企業の収益構造を把握するための重要な情報といえるのです。

3-8

Q38 特別損益はどんな点が特別なの？

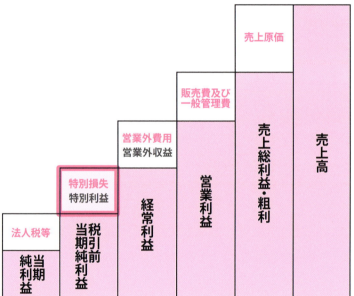

損益計算書(PL)

A 例年になく突発的に生じたという点

　PLには、特別利益、特別損失という言葉が出てきます。これは経常利益から足し引きするものです。

　「特別」は、簡単に言えば、「たまたま発生した」という意味です。営業外収益と営業外費用が継続的に発生するものである一方、**特別利益と特別損失はその期だけ突発的に発生したもの**として区別します。家計に例えると、大きなケガや病気の治療で支払った治療費や、自然災害による家の修理費などは特別損失です。

　特別利益の一例は、不動産や株式の売却益や、火災保険や損害保険の保険金のうち支払った保険料を上回った分（保険差益と言います）などです。

　特別損失は、工場や店舗の閉鎖による損失、自然災害による損壊や損失、不動産などの資産の売却による損失、訴訟を通じた損害賠償金の支払いなどが含まれます。

　特別利益と特別損失は一時的なものですが、その金額は大きくなることが多く、期末の最終利益（当期純利益）にも大きく影響することがあります。とくに注意が必要なのが特別損失です。出資した企業の業績が振るわずに撤退したり、自然災害で被災した工場の復旧にお金がかかったりすることがあります。その金額が大きければその期の当期純利益が赤字になることもあります。よく、上場企業が「業績を下方修正しました」っていうニュースがありますが、こういった「特別損失」が原因で起きていることも多いです。

　このような支出に備えるために、企業は現金を多めに持っていたり、保険に加入したりすることによってインパクトを一定の水準に抑えようとしています。私たちも、ある程度貯金を持っていたり、保険に入っていたりと同じようなことをしますよね。

3-9

Q39 企業が稼いだ利益は誰のもの？

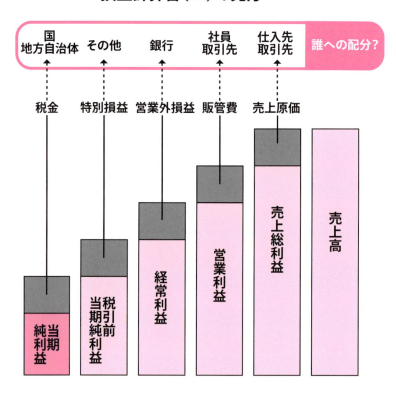

損益計算書(PL)の見方

最後に残った「当期純利益」は誰のもの？

A　株主のもの

　ここまでの学びをまとめると、会社はサービスを通じて顧客からお金を受け取り、売上をあげています。**その売上が「誰に配分されているのか」を考えることで、それぞれの利益がより明確に見えてきます。**

　売上総利益は売上をサービスや商品の「取引先や仕入先」に配分した後の利益。営業利益は「売上総利益」から、「従業員や、オフィスの貸主、宣伝費の支払先や、サーバーの提供先」などさまざまな取引先に配分した後の利益、経常利益は「営業利益」から銀行へ配分した後の利益、税引前当期純利益は「経常利益」から突発的に起きたことに配分しているので「その他」への配分後の利益。当期純利益は「税引前当期純利益」から国や地方自治体に対する「税金」を配分した後の利益。

　そして、最後に残った利益、これは「会社のもの」と思いきや「株主のもの」です。**現代の資本主義では、会社は「株主のもの」とされています。決して「会社は会社自身のもの」ではないのです。**

　最後に残った利益を元手に、「配当」という形で株主に分配していきますが、会社は普通「１年たったら終わり！　残った利益を山分けしよう！」とはならず、一部を配当にまわして、残りは来年の投資に充てたり、来たるべきときのための備えとして蓄えを増やしておくという選択をします。株主観点では、企業が着実に当期純利益を生み出していることが投資判断の重要なポイントです。

　いくら売上があっても、その原価が高く利益が残らなかったり、売上総利益があっても経費が毎年のようにかさみ、営業利益が残らなかったりすると、いつまでたっても配当に回せる利益が出せず、その会社は魅力的には映りづらいものです。

3-10

Q40 社用車の購入費はいつPLに載せる？

減価償却の例〜新車・普通車の場合

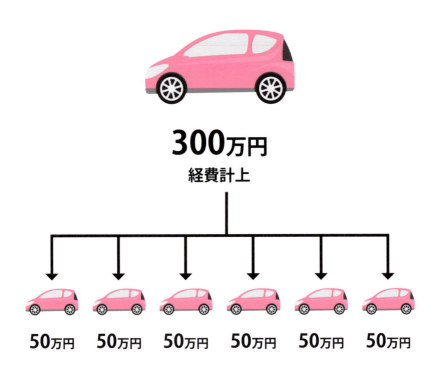

300万円
経費計上

50万円　50万円　50万円　50万円　50万円　50万円

A　使用期間で分割して計上する

　PLに計上する費用のうち、**長期間にわたって使用する設備、建物、車などの購入費は、それらの使用期間に応じて費用を分割して計上します。これを減価償却といいます。**

　費用を数年にわたって分ける目的は、利益を正しく計算するためです。どういうことかと言うと、社用車の購入費用を購入した期に全額計上すると、その期の費用が大きくなり利益が大きく減ります。機械や建物など金額が大きいものを取得した場合、その期が赤字になるかもしれません。**費用というのは、収益を獲得するために投じるものなので、収益獲得に貢献できる期間にわたって、分割して費用を計上していく**のです。

　費用として計上する年数は、取得した資産を何年使うか（耐用年数といいます）によって決めます。一般的には税法で定められた耐用年数を使うケースが多く、たとえば、普通自動車は6年、鉄骨鉄筋コンクリートの建物は50年、といった具合です。

　減価償却費は他の費用とは大きく異なる特徴があります。それは**「費用ではあるけどお金は減らない」**という点です。つまり、固定資産を最初に購入したときにお金は減りますが、その後は、実際にお金が出ていくわけではありませんが、費用のみが数年にわたって計上されていきます。さらに、減価償却費はいわゆる「経費」（税務上では「損金」といいます）になるので、税金を減らす効果があります。この仕組みをうまくつかって、節税に役立てることもできるのです。

3-11

Q41 利益率はどうやって計算する？

損益計算書(PL)

売上原価
販売費及び一般管理費
営業外費用 / 営業外収益
特別損失 / 特別利益
法人税等

売上高
売上総利益・粗利
営業利益
経常利益
税引前当期純利益
当期純利益

A　5つの利益に分けて、売上高を分母にして計算

　PLには5種類の利益が記載されます。この1つ1つについて売上高に対する利益率を表すのが売上高利益率です。これらを見ることにより、企業がどれだけ効率的に利益を上げているかが分かり、他社との比較をする上でも役立ちます。

　それぞれの利益率（％）の計算方法は以下の通りです。

▶ 1　**売上総利益率（粗利率）**　売上総利益　÷　売上高　×　100

　売上高に対する粗利益の割合を表す指標。ブランド力が高かったり、高付加価値製品を取り扱う企業だと、粗利率は高くなります。

▶ 2　**営業利益率**　営業利益　÷　売上高　×　100

　売上高に対する営業利益の割合を表す指標。売上総利益率の高さに加えて、より小人数でも売れる仕組みがあったり、コスト管理が徹底できているほど営業利益率が高くなります。

▶ 3　**経常利益率**　経常利益　÷　売上高　×　100

　売上高に対する経常利益の割合を表す指標。営業利益の高さに加えて、資産運用がうまかったり、借入金のコスト管理に長けている企業は経常利益率が高くなります。

▶ 4　**税引前当期純利益率**　税引前当期純利益　÷　売上高　× 100

　売上高に対する税引前当期純利益の割合を表す指標。特別損益の金額に引っ張られるため、あまり使われる指標ではありません。

▶ 5　**当期純利益率**　当期純利益　÷　売上高　×　100

　売上高に対する当期純利益の割合を表す指標。最終的に手元に残った利益が売上高に対してどれくらいの割合かを示します。

3-12

Q42 利益率はどっちの企業が

利益率で収益性の良し悪しを見る

パーソルホールディングス

連結損益計算書(IFRS)(2024年3月期)　　　単位:百万円

	決算数値	利益率
売上収益	1,327,123	ー
売上原価	1,025,962	ー
売上総利益	301,161	22.7%
販売費及び一般管理費	247,395	ー
営業利益	52,065	3.9%
当期利益	31,974	2.4%

魅力的？

リクルートホールディングス

連結損益計算書(IFRS)(2024年3月期)　　単位：百万円

	決算数値	利益率
売上収益	3,416,492	—
売上原価	1,451,961	—
売上総利益	1,964,530	57.5%
販売費及び一般管理費	1,521,355	—
営業利益	402,526	11.8%
当期利益	354,596	10.4%

A　リクルートホールディングス

　利益率は、その字の通り、企業がどれくらいの利益を生み出しているか、また、その利益を生み出す力がどれほど強いかを表します。ただし、注意すべき点として、**利益率は企業のビジネスモデルによって大きく異なるため、異業種の企業を単純に比較しても、その優劣を判断するのは難しい**です。

　たとえば、ソフトウェアを扱うIT企業は、開発したソフトウェアやゲームをほとんど追加のコストをかけずに販売できるという強みがあります。このため、商品1つあたりにかかる原価が非常に小さく、売上高に対して利益率が非常に高くなることがよくあります。このモデルは特に成功すれば大きな利益を生む可能性がありますが、一方でリスクも高いのが特徴です。ゲームなどの場合、開発には莫大なコストと時間がかかりますが、ヒットしなければ投資の回収が難しいという不確実性が伴います。したがって、**IT企業では高い利益率を維持するために多額の研究開発費（販売費及び一般管理費）を必要とするケースが少なくありません。**

　一方、製造業のように実際の物を作り出す企業は、商品1つ1つに原料や部品などの原価がかかるため、利益率がIT企業ほど高くなることは難しいです。製品ごとにかかる材料費や製造コストが大きく、売上が増加してもコストが比例してかかることが多いため、粗利率は一般的に低くなりがちです。また、**卸売業も同様に、商品の仕入れに多額のコストがかかるため、利益率は低くなる傾向があります。** 卸売業や製造業は、いかに効率よくコストを管理し、利益を生み出すかが大きな課題となります。

　同じ業種の企業でも、ビジネスモデルの違いによって利益率に差が出ます。たとえば、人材派遣業のリクルートホールディングスとパーソルホールディングスを比較してみると、売上高総利益率はリクルート

ホールディングスが50％以上なのに対し、パーソルホールディングスは20％台と大きな差があります。営業利益率や当期純利益率にも違いが見られます。**リクルートホールディングスは人材派遣業が主力である一方、プラットフォーム事業やマッチング事業で高い利益率を保持しているため、会社全体の利益率が高くなっています。**

　また、価格戦略も利益率に大きな影響を与える要因の１つです。たとえば、スーパーマーケットやファストフードのような薄利多売型のビジネスでは、低価格で大量に商品を販売することが主な収益源となります。このようなビジネスモデルでは、集客のために価格を低く抑える必要があるため、商品１つあたりの利益率は低くなります。しかし、**販売量が増えることで全体の売上高が大きくなり、結果的に利益を確保できるという戦略が取られています。**

　一方、車や住宅、ブランド品などの高価格帯の商品を扱う企業では、頻繁に売れるわけではありませんが、その分だけ高い価格で販売し、１つあたりの利益率を大きくすることが可能です。このような企業は、**少数の高価格商品を販売することで、全体の利益率を高く保つことができます。**価格帯や販売戦略の違いによっても、利益率に大きな影響が出ることが理解できます。

　利益率を分析することで、企業がどのような経営方針を持ち、どのようにして利益を生み出しているのかをより深く理解することが可能です。また、**利益率だけでなく、他の指標や企業の成長性を総合的に評価することで、企業の将来性や価値をより正確に判断できるようになる**のです。

3-13

Q43 資産を使って効率的に
ROAで資産の活用度合いを可視化

住友林業

連結損益計算書（2023年12月期）　　単位：百万円

	決算数値	利益率
売上高	1,733,169	―
売上原価	1,324,339	―
売上総利益	408,830	23.6%
販売費及び一般管理費	262,076	―
営業利益	146,755	8.5%
経常利益	159,418	9.2%
税金等調整前当期純利益	161,353	9.3%
当期純利益	126,235	7.3%

連結貸借対照表（2023年12月期）　　単位：百万円

資産の部		負債の部・純資産の部	
流動資産	1,236,028	流動負債	587,989
売上債権	209,430	仕入債務	269,007
棚卸資産	704,306	その他	318,982
その他	322,292	固定負債	401,437
固定資産	576,694	有利子負債	328,489
		その他	72,948
		負債合計	989,426
その他	―	純資産	823,296
総資産	1,812,722	負債・純資産	1,812,722

稼げているのはどっち？

マルハニチロ

連結損益計算書（2024年3月期）

単位：百万円

	決算数値	利益率
売上高	1,030,674	ー
売上原価	896,856	ー
売上総利益	133,818	13.0%
販売費及び一般管理費	107,284	ー
営業利益	26,534	2.6%
経常利益	31,106	3.0%
税金等調整前当期純利益	35,891	3.5%
当期純利益	24,722	2.4%

連結貸借対照表（2024年3月期）

単位：百万円

資産の部		負債の部・純資産の部	
流動資産	404,985	流動負債	272,969
売上債権	138,418	仕入債務	43,734
棚卸資産	215,333	その他	229,235
その他	51,234	固定負債	153,352
固定資産	266,816	有利子負債	116,841
		その他	36,511
		負債合計	426,321
その他	ー	純資産	245,480
総資産	671,801	負債・純資産	671,801

A　住友林業

　BSは企業が保有する資産の額を表し、その数値を比べることによって企業の規模を知ることができます。ただ、資産を有効に使えているかどうかまでは分かりません。なので、PLと掛け合わせることで資産を有効活用できているかを測ります。そのための指標がROA（Return on Assets、総資産利益率）です。

$$ROA（\%）= 利益 \div 総資産 \times 100$$

　ROAが高い企業は、少ない資産で多くの利益を生み出していることを意味していて、経営効率が高いと評価できます。マルハニチロと住友林業を比べてみると、住友林業の方がROAが高くなっています。**営業利益ベースでのROAでは、マルハニチロは3.9％に対して、住友林業は8.1％。当期純利益ベースでのROAでは、マルハニチロは3.7％に対して、住友林業は7.0％となっており、住友林業が、より少ない資産で効率的に利益を出していると言えます。**

　会社は、株主や銀行からのお金を使って資産を買い、その資産で収益をあげていくので、投資家の視点では、資産を有効に活用している企業の方がリターンが大きくなりやすいため、ROAが高い方が投資対象として魅力的といえます。

　ROAは業種によって差があります。たとえば、製造業は大規模な工場や設備を保有するため、分母である総資産が大きくなり、ROAは他の業種と比べて低くなる傾向があります。一方、サービス業は少ない資産で事業を行うことが多く、ROAが高くなる傾向があります。また、IT企業やコンサルティングファームなどは設備や在庫を持たないことが多く、さらに少ない資産で多くの利益を生み出すことができ、ROAが高くなります。

第3章 » 50メートルは何秒で走れた？ 損益計算書(PL)はスポーツテスト

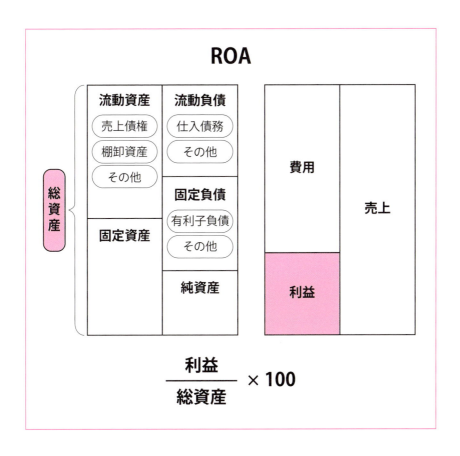

3-14

Q44 株主の資本を使って効率良く稼げているかをROEで判定

積水ハウス

連結損益計算書（2024年1月期）　単位：百万円

	決算数値	利益率
売上高	3,107,242	—
売上原価	2,483,496	—
売上総利益	623,745	20.1%
販売費及び一般管理費	352,789	—
営業利益	270,956	8.7%
経常利益	268,248	8.6%
税金等調整前当期純利益	288,958	9.3%
当期純利益	207,525	6.7%

連結貸借対照表（2024年1月期）　単位：百万円

資産の部		負債の部・純資産の部	
流動資産	2,496,947	流動負債	1,138,038
売上債権	176,466	仕入債務	237,292
棚卸資産	1,893,723	その他	900,746
その他	426,758	固定負債	420,707
固定資産	855,851	有利子負債	289,097
		その他	131,610
		負債合計	1,558,745
その他	—	純資産	1,794,052
総資産	3,352,798	負債・純資産	3,352,798

率的に稼いでいるのはどっち？

大林組

連結損益計算書（2024年3月期）　　単位：百万円

	決算数値	利益率
売上高	2,325,162	—
売上原価	2,105,560	—
売上総利益	219,602	9.4%
販売費及び一般管理費	140,220	—
営業利益	79,381	3.4%
経常利益	91,515	3.9%
税金等調整前当期純利益	107,106	4.6%
当期純利益	77,179	3.3%

連結貸借対照表（2024年3月期）　　単位：百万円

資産の部		負債の部・純資産の部	
流動資産	1,689,137	流動負債	1,433,517
売上債権	1,077,231	仕入債務	820,867
棚卸資産	111,522	その他	612,650
その他	500,384	固定負債	388,719
固定資産	1,327,910	有利子負債	244,404
		その他	144,315
		負債合計	1,822,236
その他	—	純資産	1,194,810
総資産	3,017,047	負債・純資産	3,017,047

A 積水ハウス

　株主は特に「出資に対してどれだけの利益をあげているのか」を気にします。ROE（Return on Equity、自己資本利益率）は、その力を見るための指標です。

　企業の自己資本となる資金を提供している投資家の視点で見ると、ROEは投資した資金に対する利回りのような指標となり、数値が高いほど投資効率が良いことを表し、ROEは8％以上であることが1つの目標値と言われています。

> ROE（％） ＝ 当期純利益 ÷ 純資産 × 100

　ROEは、少ない資本で事業ができるほど高くなるため、IT業界のROEは一般的に高くなりやすいです。ROEが低くなる業種は、物理的な資産への投資が大きい業種です。大きなインフラを持つ電力会社、不動産、建設業界などがその一例で、設備とインフラに多額の資本を投入する必要があるため、分母である自己資本が大きくなり、ROEが低くなります。

　ROEは業種によって差があるため、**同じ業界内の企業で比べる必要があります。**大林組と積水ハウスを比べると、積水ハウスが11.6％で、大林組は6.5％と、積水ハウスの方がROEが高く、自己資本を有効活用していることが分かります。

　自己資本が少ない企業は他から借り入れた資金を活用して事業を拡大することで、その結果としてROEが高くなることもあります。そのため、**ROEの比較ではBSに記される負債の金額なども比較して成長の健全性と財務の安全性を確認することが大事**です。

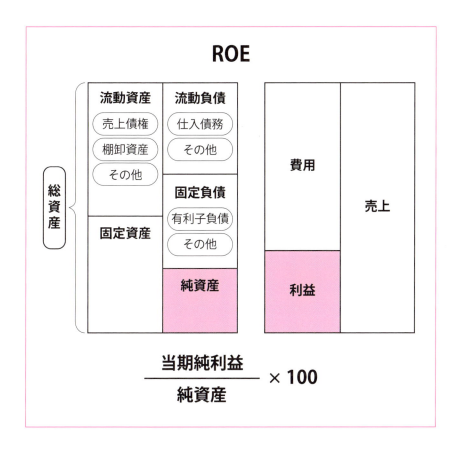

3-15

Q45 1株あたりの利益が大き
EPSで投資対象としての魅力を判断

みずほフィナンシャルグループ

連結損益計算書（2024年3月期）　　単位：百万円

	決算数値	利益率
経常収益	8,744,458	―
経常費用	7,830,410	―
経常利益	914,047	10.5%
税金等調整前当期純利益	955,035	10.9%
当期純利益	683,299	7.8%

連結貸借対照表（2024年3月期）　　単位：百万円

資産の部		負債の部・純資産の部	
現金預け金	72,968,900	預金	159,854,668
貸出金	92,778,781	その他	108,505,348
有価証券	38,245,422	**負債**	**268,360,016**
その他	74,679,048	**純資産**	**10,312,135**
総資産	**278,672,151**	**負債・純資産**	**278,672,151**

期中平均株式数	2,534,673,803

いのはどっち？

三菱ＵＦＪフィナンシャル・グループ

連結損益計算書（2024年3月期）　　　単位：百万円

	決算数値	利益率
経常収益	11,890,350	—
経常費用	9,762,391	—
経常利益	2,127,958	17.9%
税金等調整前当期純利益	2,050,104	17.2%
当期純利益	1,571,761	13.2%

連結貸借対照表（2024年3月期）　　　単位：百万円

資産の部		負債の部・純資産の部	
現金預け金	109,875,097	預金	224,035,035
貸出金	116,825,660	その他	158,921,134
有価証券	86,878,589	**負債**	382,956,169
その他	90,123,801	純資産	20,746,978
総資産	**403,703,147**	**負債・純資産**	**403,703,147**

期中平均株式数	11,959,977,563

A みずほフィナンシャルグループ

　企業を投資対象として考えるときに大切なことの1つは、自分が投資したお金（株式）で、どれくらいの利益を得られる可能性があるかです。その判断に使われるのがEPS（Earnings Per Share、1株あたりの利益）という指標です。

　EPSは、企業が1株あたりでどれだけの利益を出しているか、つまり、投資家が保有している株がどのくらいの利益を生み出すかを具体的に把握するために役立つ指標です。

　企業が稼ぐ利益は投資家にとってのリターンとなるため、EPSが高い企業は利益をしっかりと生み出していると考えられ、魅力的な投資先として見なされます。

> **EPS（円）= 当期純利益 ÷ 期中平均株式数**

　この式で計算されるEPSは、分母である期中平均株式数がポイントです。企業が発行している株の数が多ければ、その分1株あたりの利益は小さくなります。ちなみに、期末の株式数ではなく「期中平均株式数」を使う理由は、利益は一定の期間にわたって発生するため、その期間中の株式数を平均で求めることで、利益と株式数を適切に対応させるためです。

　たとえば、三菱UFJフィナンシャル・グループとみずほフィナンシャルグループのような大手金融機関を比べた場合、売上高や純利益では三菱UFJが大きいですが、EPSは三菱UFJが131円、みずほが270円となっています。この違いは、三菱UFJの発行済株式数が非常に多いことに関係しています（日本でNTTやトヨタ自動車に次ぐ水準）。つまり、**発行株数が多いと、同じ利益でも1株あたりの利益は低くなる**のです。

　逆に、発行している株数が少ない企業は、利益がそれほど増えていな

くても EPS が高くなる傾向があります。
　さらに、業績が良い企業は、EPS が上がることが多いですが、利益が増えた理由が一時的な要因なのか、長期的に続くものなのかも重要です。当期純利益には、特別利益や特別損失といった一時的な要素も含まれるため、その背景をしっかり確認するために、損益計算書（PL）も合わせてチェックしましょう。

3-16

Q46 投資した資金で効率的に
ROICで収益性の良し悪しを見る

MIXI

連結損益計算書（2024年3月期）　　　　　　　　　　単位：百万円

	決算数値	利益率
売上高	146,868	—
売上原価	44,238	—
売上総利益	102,629	69.9%
販売費及び一般管理費	83,452	—
営業利益	19,177	13.1%
経常利益	15,669	10.7%
税金等調整前当期純利益	12,630	8.6%
当期純利益	6,940	4.7%

連結貸借対照表（2024年3月期）　　　　　　　　　　単位：百万円

資産の部		負債の部・純資産の部	
流動資産	154,236	流動負債	22,992
売上債権	13,227	仕入債務	0
棚卸資産	566	その他	22,992
その他	140,443	固定負債	8,619
固定資産	53,105	有利子負債	6,341
		その他	2,278
		負債合計	31,611
その他	—	純資産	175,730
総資産	207,342	負債・純資産	207,342

法定実効税率	30%	と仮定

稼いでいるのはどっち？

グリー

連結損益計算書（2024年6月期） 単位：百万円

	決算数値	利益率
売上高	61,309	—
売上原価	27,068	—
売上総利益	34,240	55.8%
販売費及び一般管理費	28,258	—
営業利益	5,981	9.8%
経常利益	7,123	11.6%
税金等調整前当期純利益	7,174	11.7%
当期純利益	4,585	7.5%

連結貸借対照表（2024年6月期） 単位：百万円

資産の部		負債の部・純資産の部	
流動資産	112,276	流動負債	15,021
売上債権	7,410	仕入債務	0
棚卸資産	0	その他	15,021
その他	104,866	固定負債	18,236
固定資産	16,511	有利子負債	16,700
		その他	1,536
		負債合計	33,257
その他	—	純資産	95,530
総資産	128,788	負債・純資産	128,788

法定実効税率 30% と仮定

A　MIXI

　企業は、返済義務のない資本（自己資本）だけでなく、他から借りた資金（他人資本）も活用しながら事業を行っています。そのため、他人資本を含めて利益の獲得状況を分析することで収益性をより深く見ることができます。ROEに似た指標で、近年注目度を高めています。

　それを見るための指標は、ROIC（Return on Invested Capital、投下資本利益率）です。ROICは、分かりやすくいえば、**事業のコスパを数値化**します。一般的には、ROIC 7％以上であれば優秀と判断されます。

ROIC（％） ＝　税引後営業利益　÷　投下資本　×　100

　分母に使う投下資本は、ROEの計算で用いる自己資本の他に、金融機関からの融資も含みます。また、ROEが当期純利益を分子として計算するのに対して、ROICは本業の利益（営業利益）から税金を差し引いた後の利益である税引後営業利益（NOPATと言います）を使います。

　ROEと比較すると、ROEは自社株買いによって分母が小さくなると高くなりますが、ROICはそのような背景に影響を受けずに正しく収益性を評価できます。また、投下資本を部門や事業に分けることで、収益性がある事業、弱い事業などを判断することもできます。

　ROICは、NOPATが多い、または投下資本が少ない企業ほど高くなります。業種別では、固定資産が少ないIT系、ゲーム会社、ネット関連企業などがROICが高くなる傾向があります。今回は、同じIT業界でグリーとMIXIの比較でした。ROICは、グリーが3.7％に対して、MIXIが7.4％であり、MIXIの方がROICが高く、資本を有効活用して利益をあげていると言えます。

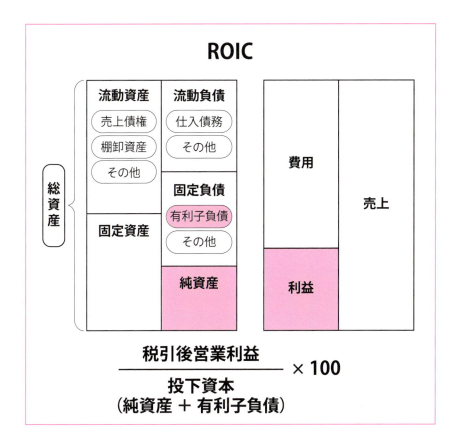

3-17

Q47 売上を早くお金に換えて
売上債権回転期間でCFを分析

三菱ケミカルグループ

連結損益計算書（IFRS）（2024年3月期）　　単位：百万円

	決算数値	利益率
売上収益	4,387,218	―
売上原価	3,240,394	―
売上総利益	1,146,824	26.1%
販売費及び一般管理費	932,345	―
営業利益	261,831	6.0%
経常利益	―	―
税金前当期利益	240,547	5.5%
当期利益	178,439	4.1%

連結財政状態計算書（IFRS）（2024年3月期）　　単位：百万円

資産の部		負債の部・純資産の部	
流動資産	2,191,636	流動負債	1,724,912
売上債権	852,353	仕入債務	501,532
棚卸資産	799,249	その他	1,223,380
その他	540,034	固定負債	2,104,106
固定資産	3,912,877	有利子負債	1,595,704
		その他	508,402
		負債合計	3,829,018
その他	―	純資産	2,275,495
総資産	6,104,513	負債・純資産	6,104,513

いるのはどっち？

東レ

連結損益計算書（IFRS）（2024年3月期）　　単位：百万円

	決算数値	利益率
売上収益	2,464,596	—
売上原価	2,021,073	—
売上総利益	443,523	18.0%
販売費及び一般管理費	346,344	—
営業利益	57,651	2.3%
経常利益	—	—
税金前当期利益	59,567	2.4%
当期利益	30,455	1.2%

連結財政状態計算書（IFRS）（2024年3月期）　　単位：百万円

資産の部		負債の部・純資産の部	
流動資産	1,522,640	流動負債	865,734
売上債権	659,600	仕入債務	340,256
棚卸資産	531,959	その他	525,478
その他	331,081	固定負債	754,422
固定資産	1,943,878	有利子負債	558,832
		その他	195,590
		負債合計	1,620,156
その他	—	純資産	1,846,362
総資産	3,466,518	負債・純資産	3,466,518

A　三菱ケミカルグループ

　売上が成立したタイミングと、実際にその金額が入金されるタイミングにはズレが生じます。その間に未回収となる金額はBSの売上債権として計上され、その金額が大きくなるほど手持ちの資金が不足するリスク要因となります。要は、売上は早いうちにお金に換えられるにこしたことはないのです。

　その状況を把握する指標が売上債権回転期間です。これは、**企業が商品やサービスを販売した後、売上債権（売掛金など）を現金化するまでにかかる期間を表す指標**です。現金は企業活動の血液なので、PLで売上を確認することと同じくらい、現金化できているかどうかを見ることも重要です。

売上債権回転期間（日）　=　売上債権　÷（売上高　÷　365）

　売上債権回転期間が短い企業は、売上を早く現金として回収できていることを表し、資金不足になるリスクが小さいですし、その分借入も少なく済みます。逆に、売上債権回転期間が長い企業は、現金化するまでの時間がかかっていることを表し、資金繰りのリスクが大きいといえます。

　東レと三菱ケミカルグループを比較してみると、東レの回転期間が100日近いのに対し、三菱ケミカルは約70日です。売上を現金化する期間に1か月の差があるため、東レはこの1か月分の運転資金を確保するか、借入によって調達する手段を準備しておく必要があります。

　売上債権回転期間が短い業種は、スーパーマーケットやコンビニエンスストアなどです。これらは買い手である消費者が現金や電子マネーで支払うことが多く、販売したタイミングで現金を獲得するため売上が発生したタイミングと現金化のタイミングがほぼ同時になるのです。

一方、建設業や製造業は売上債権回転期間が長くなる傾向があります。たとえば、建設業は大型プロジェクトを完工するまでの時間がかかるとともに、完工から入金までの時間もかかります。そのため、未回収の売掛金が多く発生し、売上債権回転期間も長くなるわけです。

こういった業界の特性も表れてくるので、無視できません。

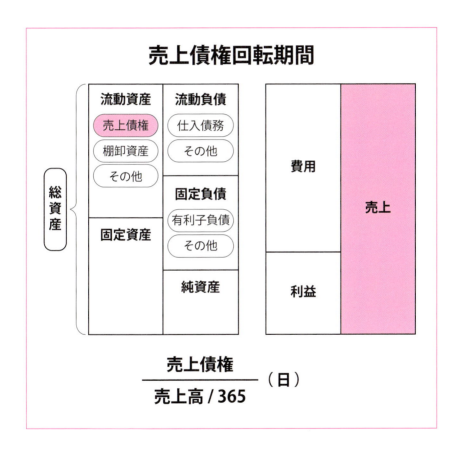

3-18

Q48 仕入先への支払期日に余裕
仕入債務回転期間で財務の健全性を見る

王子ホールディングス

連結損益計算書（2024年3月期）　　単位：百万円

	決算数値	利益率
売上高	1,696,268	—
売上原価	1,372,191	—
売上総利益	324,076	19.1%
販売費及び一般管理費	251,476	—
営業利益	72,600	4.3%
経常利益	85,987	5.1%
税金等調整前当期純利益	77,599	4.6%
当期純利益	52,317	3.1%

連結貸借対照表（2024年3月期）　　単位：百万円

資産の部		負債の部・純資産の部	
流動資産	773,287	流動負債	668,183
売上債権	370,907	仕入債務	274,659
棚卸資産	285,443	その他	393,524
その他	116,937	固定負債	678,771
固定資産	1,669,195	有利子負債	480,240
		その他	198,531
		負債合計	1,346,954
その他	—	純資産	1,095,527
総資産	2,442,482	負債・純資産	2,442,482

があるのはどっち？

大王製紙

連結損益計算書（2024年3月期）　　単位：百万円

	決算数値	利益率
売上高	671,688	―
売上原価	528,471	―
売上総利益	143,217	21.3%
販売費及び一般管理費	128,849	―
営業利益	14,367	2.1%
経常利益	9,622	1.4%
税金等調整前当期純利益	11,018	1.6%
当期純利益	6,271	0.9%

連結貸借対照表（2024年3月期）　　単位：百万円

資産の部		負債の部・純資産の部	
流動資産	376,189	流動負債	281,218
売上債権	124,424	仕入債務	84,812
棚卸資産	117,350	その他	196,406
その他	134,415	固定負債	398,440
固定資産	563,233	有利子負債	343,400
		その他	55,040
		負債合計	679,659
その他	67	純資産	259,831
総資産	939,490	負債・純資産	939,490

A 王子ホールディングス

　商品や原材料の仕入れる際に支払う代金は、一時的に企業の手持ちの資金を減らし、資金繰りリスクが大きくなる要因になります。そのため、支払いまでの猶予が長い方が良いと言えます。

　そのバランスを見る指標は仕入債務回転期間です。これは**企業がツケで仕入れた商品の代金（BSの負債の部で買掛金や支払手形として計上されます）をどれくらいの期間で支払っているかを示すもの**です。

仕入債務回転期間（日）＝ 仕入債務 ÷ （売上原価 ÷ 365）

　仕入債務回転期間が短い業種は、食品業界やファストフード業界などです。これらの業界は原材料を仕入れてから商品として販売するまでの期間が短いため、仕入先への支払い回数が多く、その期間も短くなる傾向があります。

　仕入債務回転期間が長い業種は、医薬品、建設、製造などです。これらは仕入れた材料や部品が完成品になるまでに時間がかかり、完成品を作るまでにかかる費用も大きいのが特徴です。

　分割払いにしたり支払い時期を遅くしたりするためには取引先の了承を得る必要があり、支払い能力に対する信用や交渉力が高い企業ほど仕入債務回転期間を長くすることができます。たとえば、王子ホールディングスと大王製紙の回転期間を比べると、王子ホールディングスが73日、大王製紙が59日と、王子ホールディングスの方が支払いまでの期間が長いことが分かります。このことから、支払いに関する交渉力があることが想像できます。

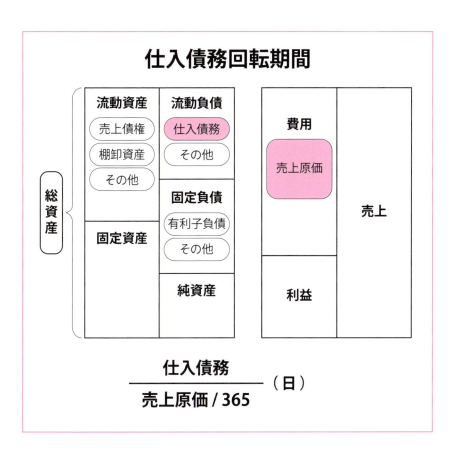

3-19

Q49 商品を売るのに要した
棚卸資産回転期間で事業効率を見る

ダイキン工業

連結損益計算書（2024年3月期）
単位：百万円

	決算数値	利益率
売上高	4,395,317	―
売上原価	2,885,644	―
売上総利益	1,509,673	34.3%
販売費及び一般管理費	1,117,536	―
営業利益	392,137	8.9%
経常利益	354,492	8.1%
税金等調整前当期純利益	385,294	8.8%
当期純利益	269,835	6.1%

連結貸借対照表（2024年3月期）
単位：百万円

資産の部		負債の部・純資産の部	
流動資産	2,726,598	流動負債	1,566,990
売上債権	815,305	仕入債務	326,033
棚卸資産	1,047,741	その他	1,240,957
その他	863,552	固定負債	625,936
固定資産	2,153,631	有利子負債	441,028
		その他	184,908
		負債合計	2,192,927
その他	―	純資産	2,687,302
総資産	4,880,230	負債・純資産	4,880,230

期間が短いのはどっち？

三菱重工業

連結損益計算書（IFRS）（2024年3月期）　　単位：百万円

	決算数値	利益率
売上収益	4,657,147	—
売上原価	3,727,034	—
売上総利益	930,112	20.0%
販売費及び一般管理費	695,342	—
事業利益	282,541	6.1%
経常利益	—	—
税引前利益	315,187	6.8%
当期利益	243,565	5.2%

連結財政状態計算書（IFRS）（2024年3月期）　　単位：百万円

資産の部		負債の部・純資産の部	
流動資産	3,419,942	流動負債	2,940,518
売上債権	916,011	仕入債務	958,891
棚卸資産	974,577	その他	1,981,627
その他	1,529,354	固定負債	955,085
固定資産	2,836,316	有利子負債	763,754
		その他	191,331
		負債合計	3,895,604
その他	—	純資産	2,360,654
総資産	6,256,259	負債・純資産	6,256,259

A 三菱重工業

　在庫は流動資産の一部です。しかし、**現金や売掛金などと比べると現金化するための時間がかかるため、多すぎたり長期で持ったりすることがキャッシュフローを悪化させる原因になります。その状態を見る指数は棚卸資産回転期間と言います。** 棚卸資産は在庫のことです。

> **棚卸資産回転期間（日）＝棚卸資産　÷　（売上高　÷　365）**

　計算式の棚卸資産は、BSの商品、仕掛品、原材料などです。棚卸資産回転期間が短いほど、在庫を素早く売上にすることができていると言えます。

　ダイキン工業と三菱重工業を比べてみると、ダイキン工業が87日、三菱重工業が76日と、わずかですが三菱重工業の方が短いことが分かります。つまり完成品を作ってから売るまでの期間が短いため、キャッシュフローがよく、事業の資金効率が良いといえます。一方、棚卸資産回転期間が長い企業は在庫が滞留している期間が長いことを意味し、資金を効率的に活用できていない可能性があります。長い期間売れていない在庫（不良在庫）があるのかもしれません。

　業種別で見ると、棚卸資産回転期間が短い業種はスーパーマーケットやファストフードなどです。この分野は消費期限がある食品を扱っているため短期間で商品を売り切り、入れ替えます。その結果、在庫する期間が短くなり、棚卸資産回転期間が短くなります。

　一方で、自動車や宝飾品業界などは棚卸資産回転期間が長くなる傾向があります。これらの商品は高額で、飛ぶように売れるわけではありません。また、消費期限がなく長く保管できるため、在庫期間が長くなります。

　棚卸資産回転期間を適切に管理することによって資金繰りリスクが低

くなり、財務の健全性が高まります。ただし、棚卸資産回転期間は業種や企業のビジネスモデルによって差があるため、事業の効率性を評価する際には業種ごとの特性とビジネスモデルを理解した上で同業種の企業を比べる必要があります。

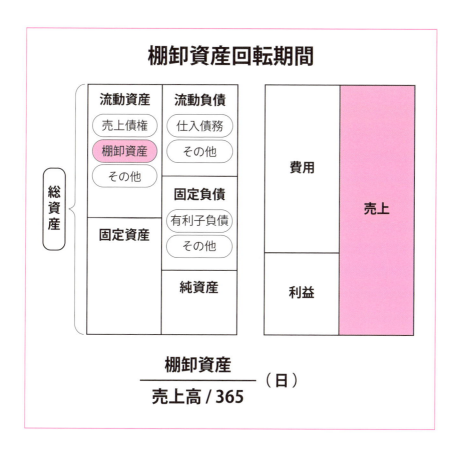

3-20

Q50 資金繰りが安定している

現金化するまでの期間（CCC）で資

ＥＮＥＯＳホールディングス

連結損益計算書（IFRS）（2024年3月期）　　単位：百万円

	決算数値	利益率
売上高	13,856,662	―
売上原価	12,515,331	―
売上総利益	1,341,331	9.7%
販売費及び一般管理費	952,383	―
営業利益	464,946	3.4%
経常利益	―	―
税引前利益	448,075	3.2%
当期利益	345,482	2.5%

連結財政状態計算書（IFRS）（2024年3月期）　　単位：百万円

資産の部		負債の部・純資産の部	
流動資産	4,666,495	流動負債	3,114,936
売上債権	1,706,521	仕入債務	1,962,820
棚卸資産	1,832,855	その他	1,152,116
その他	1,127,119	固定負債	3,317,791
固定資産	5,470,050	有利子負債	2,489,839
		その他	827,952
		負債合計	6,432,727
その他	―	純資産	3,703,818
総資産	10,136,545	負債・純資産	10,136,545

のはどっち？
金繰りを見る

出光興産

連結損益計算書（2024年3月期）

単位：百万円

	決算数値	利益率
売上高	8,719,201	—
売上原価	7,872,080	—
売上総利益	847,121	9.7%
販売費及び一般管理費	500,804	—
営業利益	346,316	4.0%
経常利益	385,246	4.4%
税金等調整前当期純利益	326,754	3.7%
当期純利益	226,843	2.6%

連結貸借対照表（2024年3月期）

単位：百万円

資産の部		負債の部・純資産の部	
流動資産	2,916,843	流動負債	2,192,498
売上債権	919,011	仕入債務	793,760
棚卸資産	1,377,865	その他	1,398,738
その他	619,967	固定負債	1,007,265
固定資産	2,095,452	有利子負債	619,056
		その他	388,209
		負債合計	3,199,763
その他	—	純資産	1,812,531
総資産	5,012,295	負債・純資産	5,012,295

A　ENEOSホールディングス

　これまで説明した3つの回転期間を活用して計算できる資金繰りの指標に、キャッシュ・コンバージョン・サイクル（CCC：Cash Conversion Cycle）があります。これは、企業が商品や原材料を仕入れて発生した仕入債務を支払ってから、売上によって得たお金を手にするまでにかかる日数を示す指標です。**CCCが長いほど、営業活動でお金を得るまでの期間が長くなり、その間、企業は資金繰りに苦労することになります。逆に、CCCが短ければ短いほど、効率的に現金を回収できる企業と言えます。**

　CCCは以下の要素から成り立っています：

　売上債権回転期間：売掛金を回収するまでの期間
　棚卸資産回転期間：在庫を販売するまでの期間
　仕入債務回転期間：仕入先に支払いを行うまでの期間

CCC（日）＝売上債権回転期間＋棚卸資産回転期間－仕入債務回転期間

　CCCが短くなる企業の特徴は、売上債権回転期間が短く（素早く売掛金を回収）、棚卸資産回転期間が短く（短期間で在庫を売り切り）、仕入債務回転期間が長い（支払いの猶予期間が長い）ことです。

　たとえば、出光興産とENEOSホールディングスを比較すると、CCCは出光興産が59日に対し、ENEOSは36日です。単純に言えば、出光興産はENEOSホールディングスよりも23日分、余分に運転資金を必要としています。両社の売上債権回転期間や棚卸資産回転期間には大きな差はありませんが、ENEOSホールディングスの仕入債務回転期間が出光よりも10日以上長いため、その分CCCが短くなっています。

　CCCが短い業種としては、ファストファッションが挙げられます。

ファストファッションは、流行や季節に合わせて短期間で商品を入れ替え、低価格で大量に販売するため、売掛金の回収や在庫の回転が非常に速いです。一方で、建設業のような業種では、工事の完了まで長期間を要し、完成しない限り資金を回収できないことが多いため、CCCが長くなりがちです。

余談ですが、私たちがよく知るAmazonは、このCCCがマイナスです。これは、Amazonが仕入れ代金を支払う前に、顧客からの支払いが先に入ることを意味します。つまり、資金繰りの面では非常に有利な状態で、手元に豊富な現金を持つことができます。この潤沢な資金を活用して、Amazonは大型投資や研究開発を積極的に行い、業界のトップに立っているのです。

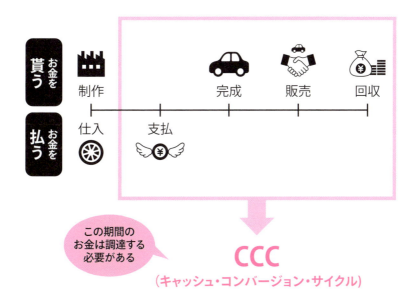

コラム③

Q51 日本で決算書が正式に制度化されたのはいつ？

　日本で決算書が正式に制度化されたのは、明治時代以降のことです。明治政府は、欧米諸国の経済・産業制度を取り入れ、近代的な経済体制を構築するために、さまざまな法制度の整備に着手しました。その一環として、商業法や会社法の制定により、企業の財務状況を明らかにするための決算書の作成と開示が義務付けられました。

　それまでの日本は、商家による簡易的な帳簿記帳が行われていましたが、**産業の発展に伴い、欧米の複式簿記を採用することが必要とされました。** たとえば、明治維新後に急速に発展した鉄道や製糸業などの近代的な産業においては、正確な取引記録と財務報告が求められるようになりました。

　また、銀行や証券市場の整備により、多くの企業が株式を発行して資金を調達するようになり、投資家への説明責任が重要視されました。これにより、企業の経営状況や財務健全性を透明にすることが求められ、財務報告の標準化が進みました。

　こうした背景のもと、**明治政府は商業活動の透明性と信頼性を確保するため、決算書の作成と公開を義務化し、企業経営の効率化と経済の近代化を支えました。** 企業の財務状況を適正に開示することで、投資の判断基準が明確になり、経済全体の信頼性向上と資本市場の発展に寄与しました。

第 4 章

きちんと
サラサラ流れてる？
キャッシュフロー計算書
（CS）は血液検査

4-1

Q52 キャッシュフロー計算書ってどんなもの？

キャッシュフロー計算書（CS）

区分	金額
Ⅰ　営業活動によるキャッシュフロー	
税引前当期純利益	＋＊＊＊
減価償却費	＋＊＊＊
売上債権の増加	－＊＊＊
棚卸資産の増加	－＊＊＊
仕入債務の増加	＋＊＊＊
法人税等の支払額	－＊＊＊
営業活動によるキャッシュフロー	（Ⅰの合計）…①
Ⅱ　投資活動によるキャッシュフロー	
有形固定資産の購入	－＊＊＊
有形固定資産の売却	＋＊＊＊
有価証券の購入	－＊＊＊
有価証券の売却及び満期償還	＋＊＊＊
投資活動によるキャッシュフロー	（Ⅱの合計）…②
Ⅲ　財務活動によるキャッシュフロー	
借入金の増加	＋＊＊＊
借入金の返済	－＊＊＊
財務活動によるキャッシュフロー	（Ⅲの合計）…③
Ⅳ　現金及び現金同等物の増加額	（①＋②＋③）…④
Ⅴ　現金及び現金同等物期首残高	⑤
Ⅵ　現金及び現金同等物期末残高	④＋⑤

営業CF　本業でどれだけ稼いだか

投資CF　どれだけ投資をしたか

財務CF　お金をいくら借り、いくら返したか

3つのCFの合計（1年間の現金の動き）

期首時点での手元の現金

期末時点での手元の現金

A 現金の出入りに注目して経営の健全性を見る

　キャッシュフロー計算書（CS）は、企業の現金の出入りを詳細に示す決算書の1つです。ここで**誤解されやすいポイントとして、「利益が出た」＝「現金が増えた」わけではない点が挙げられます。**

　事業活動においては、利益を上げるだけでなく、実際に手元の現金を増やすことが重要であり、これを把握するためにCSが必要となります。CSは、企業がどれだけ現金を獲得し（キャッシュイン）、使用し（キャッシュアウト）、そして蓄えているかを示し、その金額や変化を通じて企業の実態を理解する手助けをします。

　例えるなら、現金は企業にとって血液のようなもので、血液の流れが健全で、十分な量が体を巡っていれば企業は健全といえます。しかし、血の巡りが悪かったり、血液が不足したりすると、企業の健康状態は悪化します。ケガによる出血で血液が減り、輸血が必要になることもあります。このように、**CSは企業の「血液検査」として、健康状態を把握するための重要な指標**なのです。

　どれだけ売上が上がっても、それが現金として確実に回収できなければ意味がありません。さらに、借入金がどの程度必要か、返済スケジュール、そして成長のためにどれくらい投資すべきかを綿密に計画することが重要です。たとえば、Amazonはこの「キャッシュ」に焦点を当てた経営で知られています。

　また、PL（損益計算書）上では黒字でも、売上が現金として回収できていないと、手元の資金が不足し、従業員の給与や借入金の返済に支障が出る場合があります。このように、**利益が出ているにもかかわらず、資金不足で倒産してしまうことを「黒字倒産」と呼びます。**

4-2

Q53 CSの役割は？

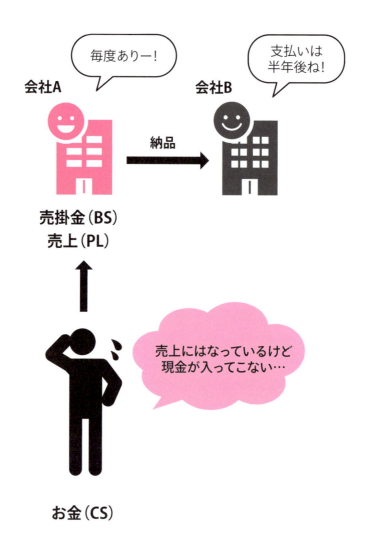

A BSとPLからは読み取れない「お金の流れ」が分かる

　実は、貸借対照表（BS）と損益計算書（PL）だけでは、非常に重要な情報が読み取れません。それが**「お金の流れ」**です。キャッシュフロー計算書（CS）は、企業の現金の流れを把握するための資料であり、BSやPLから得られる情報を補完する役割を果たします。

　CSを確認することで、たとえば新しい設備を購入した場合（これはBSの資産の部に記載されます）や、借入金を増やした場合（これはBSの負債の部に記載されます）に、**実際にどのように保有している現金が変化したのか、また投資に使ったお金がどれくらい増えたのかといった、資金の運用状況を詳しく理解することができます**

　また、PLでは利益が出ているにもかかわらず、CSの現金が増えていない場合、未収金が多く存在していることが考えられます。これが原因で、企業が資金繰りに困る可能性があります。逆に、PLで利益が減少していても、CSで十分な現金を確保できていることが確認できれば、すぐにお金が足りなくなって倒産する心配は少なくなります。

　このような判断を行うための根拠として、CSは非常に重要です。BSやPLと組み合わせて使うことで、企業の経営状況をより深く理解することができ、投資判断や経営戦略の策定に役立ちます。これにより、企業が健全に運営されているかどうか、将来の成長の可能性があるかどうかを見極めるための重要な手段となります。

4-3

Q54 営業CFの金額から何を読み取れる？

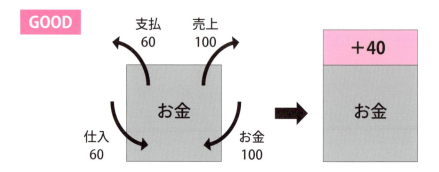

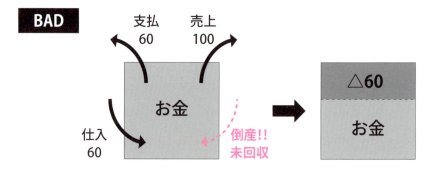

POINT 本業でしっかり稼いで結果としてお金が増えているか

CSで最も大事な項目

A 本業でお金がどれだけ増えたかが分かる

　キャッシュフロー計算書（CS）は、企業の現金の流れを3つの部分に分けて示しています。それは「営業活動によるキャッシュフロー（営業CF）」、「投資活動によるキャッシュフロー（投資CF）」、「財務活動によるキャッシュフロー（財務CF）」です。

　特に、**営業CFは、企業の本業によってどれだけ現金が増えたかを示しています。営業CFがプラスであれば、企業は本業でしっかりとお金を稼いでいることになります。**しかし、もし営業CFがマイナスであれば、企業は本業でお金を失っていることを意味します。この状態は、まるで体から血が流れ出ている（出血している）ようなもので、早急に対処が必要な状態です。

　一般的には、損益計算書（PL）の「営業利益」と営業CFは関連しており、営業利益がプラスであれば、営業CFもプラスであることが期待されます。しかし、**売上があるにもかかわらず、まだお金が回収できていない場合もあり、このような状況では、利益はあるけれども実際にはお金をあまり稼げていない**ということになります。営業CFがマイナスの状態が続くと、外部から資金を調達する必要が出てきます。これはまるで輸血を受けているような状況です。

　このように、営業CFがマイナスになると、借入金が必要になったり、追加で株主から出資してもらったりするなど、さまざまな対策が必要になります。その結果、企業の財務体質は徐々に悪化していき、この状態が長引くと、企業の信用が低下し、資金調達がさらに困難になる可能性があります。

4-4

Q55 投資CFはマイナスでもOK？

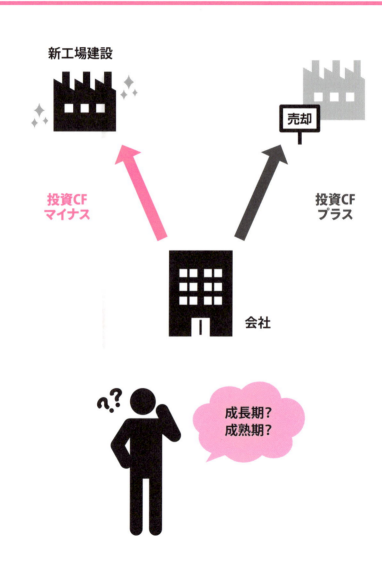

A　OK。成長のための投資は望ましい

　投資活動によるキャッシュフロー（投資CF）は、**企業が成長するために行う投資活動や固定資産の売却活動によって増減した現金の流れを表しています。**たとえば、新しい設備を購入したり、不動産や株式に投資することがこの投資CFに該当します。

　一方で、投資した不動産などを売却して現金が増えた場合には、投資CFがプラスになります。投資は成長のために必要な活動であり、投資CFがマイナスになることは必ずしも悪いことではありません。むしろ、**投資CFのマイナスは事業の拡大に積極的であることを示す要素であり、新たな収益源の確保や市場での競争力の強化につながる重要な活動といえます。**

　製造業を例に取ると、企業が最新の生産設備を導入することで生産効率が向上し、結果として収益が増加する可能性があります。将来の成長を見据えた場合、投資CFがプラスである、つまり投資をしていない状態の方が中長期的には企業の成長性にとって良くないこととも言えます。

　投資CFの金額は企業の成長段階によっても異なります。たとえば、成長期や成長市場で事業を展開している企業は、多くの資金を投資に回すため、投資CFが大きくなります。一方で、成熟期の企業は市場内の投資先が限られているため、投資CFが小さくなる傾向があります。

　もちろん、**すべての投資が成功するわけではありません。**より安全な投資を考えるのであれば、営業CFで稼いだお金の範囲内で行うことが望ましいでしょう。これにより、資金繰りのリスクを抑えつつ、安定した成長を目指すことができます。

4-5

Q56 財務CFはプラスが良い？

財務CFが ＋(プラス) のとき

営業CF ＋(プラス)
投資CF －(マイナス)

→ **積極投資している？**
本業は順調。さらなる成長に向けた投資活動も積極的に行っており、不足する資金を借入金で調達している状態。成長期の会社なら営業CFがマイナスのこともあるが、数年は経過を見て。

営業CF －(マイナス)
投資CF ＋(プラス)

→ **資金繰りに困っている？**
本業が不調。投資CF・財務CFともにプラスなので、固定資産の売却と借入金で、本業の赤字を穴埋めしていると見られる。資金繰りが悪化していて、不安定な経営状態。

A 営業CFと投資CFのバランス次第

　財務活動によるキャッシュフロー（財務CF）は、**企業が銀行から資金を調達したり、借入金を返済したりする際の現金の流れを示します。**たとえば、借入や株主への株式発行による資金調達によって手元の現金が増えた場合、財務CFはプラスとなります。一方で、借入金を返済したり株主への配当を行った場合は財務CFがマイナスになります。

　借入は「輸血」と例えることができます。ただし、良い輸血と悪い輸血がある点には注意が必要です。貧血や出血で命の危険が高まっているときの輸血は緊急事態を示しますが、事業を成長させるための投資に使われる資金調達は「良い輸血」と言えるでしょう。このように、**財務CFがプラスであっても、その資金がどのように使われるのかを、営業CFや投資CFと合わせて確認することが重要**です。「プラス」であること自体が良いとは限らないのです。

　企業が成長するためには、新たな設備投資や人材の雇用に資金が必要です。本業の利益でこれらの資金を確保することが理想ですが、創業間もない企業では売上の伸びが難しいため、借入金が重要な手段となります。また、大手企業でも外部からの借入金を活用してさらなる成長を実現しています。たとえば、トヨタ自動車、ソフトバンク、NTTといった企業は借入金を積極的に活用し、成長を加速させています。

　しかし、**借入金が増えるほど返済義務も大きくなるため、経営や財務の健全性を評価する上では、利益と借入金のバランスや、返済に備えるための手持ち現金をしっかりと見ることが重要**です。これにより、企業が健全な成長を続けるための財務状況を理解し、適切な経営判断を下すことができます。

4-6

Q57 CSはいくつのパターンに分けられる？

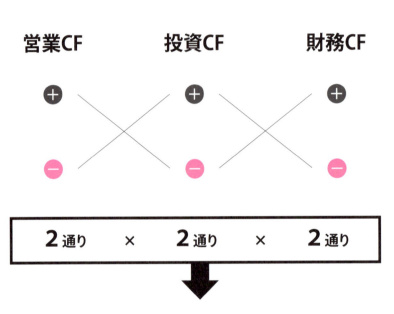

CF	①	②	③	④	⑤	⑥	⑦	⑧
営業	+	+	+	+	−	−	−	−
投資	+	+	−	−	+	+	−	−
財務	+	−	+	−	+	−	+	−

A 営業CF、投資CF、財務CFの プラスマイナスで8つに分類

　キャッシュフロー計算書（CS）は、**営業CF、投資CF、財務CFがそれぞれプラスかマイナスになるため、その組み合わせによって計8パターンの企業に分類できます**。このパターンを理解することで、会社がどんな状況にあるのかを大まかに把握することができます。ちなみに、すべてのCFがプラスのパターン①やすべてがマイナスのパターン⑧はあまり見られないため、それ以外の6パターンを把握しておくことが重要です。パターン①は、本業で稼ぎ、資産の売却などで現金が増えているため、この状態で融資を受ける企業は珍しいです。パターン⑧はその逆で、本業で稼げず、投資にお金を使い、さらに融資を返済している企業を指します。この状態では、そもそもお金が足りないはずなので非現実的です。

　しかし、パターン②から⑦の企業は多く存在し、それぞれの状態によって会社の状況や目指す方向性が見えやすくなります。**企業の成長ステージに応じて3つのCFを見てみると、まず企業の創業期は売上が少ないため営業CFはマイナスになりやすいです。**その後、事業の成長とともにプラスに転じ、プラスの金額が大きくなっていきます。

　投資CFは、創業期にさまざまな投資を行うため、マイナスからスタートするケースが多いです。その後も**企業の成長に応じて投資を続け、事業が安定する頃から投資が減少し、事業整理などで投資CFがプラスになることがあります。**

　財務CFは、創業期には運転資金と投資資金が必要なため、プラスからスタートします。その後、**事業で稼げるようになるにつれて借入れの必要がなくなり、返済もできるようになります。その結果、財務CFはマイナスに転じます。**このようなおおまかな流れを把握した上で、次ページから詳しく見ていきましょう。

4-7

Q58 営業CF ⊕、投資CF ⊕、財務CF ⊖
この企業はどんな状態？

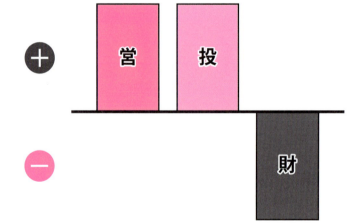

A スリム化・・・事業を見直して財務改善に取り組んでいる

　このタイプの企業は、**事業のスリム化を図り、財務状態の改善に取り組んでいる可能性が高い**といえます。たとえば、サラリーマンがしっかり稼ぎながら株を売ったお金でローンを繰上返済している状況をイメージすると分かりやすいでしょう。

　キャッシュフローの動きを見ると、本業で得た収益と資産の売却により手元の現金が増え、その現金で借入金の返済を行っている状態です。まず、営業 CF がプラスであることから、本業できちんと利益を上げていることが分かります。

　次に、投資 CF がプラスであるのは、新たな投資に使った金額よりも、保有する資産の売却で得た金額が大きいことを意味しています。これは手元資金を増やし、赤字事業の撤退や不要な資産の処分といった側面では有効ですが、投資を控えることにより将来的な収益が減少するリスクも伴います。そのため、重要なのはその背景です。たとえば、企業が既存事業からの撤退を計画している、売却した資産で新しい事業に投資する準備をしている、または単に不要な資産を適切なタイミングで処分したという可能性も考えられます。

　財務 CF がマイナスである場合、企業は金融機関からの借入金を返済したり、株主に配当金を支払っていることを示します。借入金の返済や株主への還元が行われているため、財務の健全性が高まっていると言えるでしょう。

4-8

Q59 営業CF ⊕、投資CF ⊖、財務CF ⊕
この企業はどんな状態？

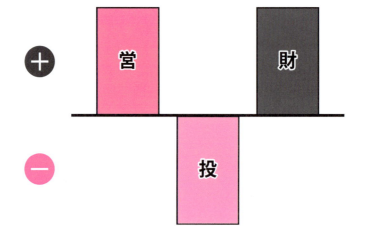

A さらなる成長期待・・・売上アップに向けて積極的に事業に投資している

　このタイプの企業は、**成長のために積極的に投資を行っている状態**です。新規事業の開発に取り組んでいる企業や、成長力のあるベンチャー企業などでよく見られるパターンです。たとえば、サラリーマンがしっかり稼いで、住宅を購入しローンを組み、さらに株式投資もしている、という状況をイメージすると分かりやすいでしょう。

　キャッシュフローの動きとしては、**本業でしっかり稼ぎながらも、さらなる成長を目指して積極的に投資を行っています。また、本業の収益だけでは不足する分を、金融機関からの融資などで補っており、それを含めて投資に注力している状態**です。

　各キャッシュフローを詳しく見ていくと、まず営業 CF がプラスであることから、本業でしっかりと収益を上げていることが分かります。特に新規顧客の獲得や売上の拡大が見られ、その背景は企業の IR 情報（株主向け情報）などから確認することができます。

　次に、投資 CF はマイナスであり、これは企業が成長を見据えた新たな投資を行っていることを示しています。どの分野に投資しているのか、その戦略の背景は、決算短信や有価証券報告書などから知ることができ、企業の長期的な成長ビジョンが読み取れます。

　最後に、財務 CF はプラスで、金融機関からの借り入れや投資家からの出資を受けている状況です。これは、本業での稼ぎに加え、外部からの資金調達も積極的に行いながら投資を進めていることを示しています。このことから、８つのタイプの中で最も成長志向が強く、積極的に拡大を目指している企業であると言えます。

4-9

Q60 営業CF ⊕、投資CF ⊖、財務CF ⊖
この企業はどんな状態？

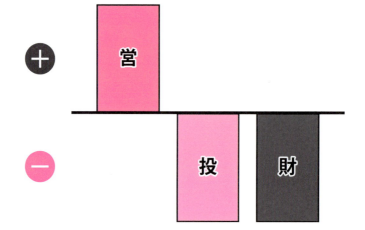

A 優秀！・・・本業、投資、財務、全てにおいて健全

　このタイプの企業は、**8つのパターンの中でも最も財務状態が良く、将来的な成長にも大きな期待が持てる状態**です。たとえば、サラリーマンがしっかり稼ぎながら、住宅ローンを返済しつつ、さらに株式投資に回す余裕がある、といった状況に例えることができます。このような状況の企業は優秀と言えるでしょう。

　キャッシュフローの詳細を見てみると、まず営業CFがプラスであるため、本業でしっかりと利益を上げていることが分かります。この企業は本業だけで十分な収益を得ており、そのお金で投資や借入金の返済まで行っています。つまり、単に稼いでいるだけでなく、その稼ぎを有効に活用しているのです。

　次に、投資CFがマイナスであることは、企業が成長に向けた新規の投資を積極的に行っていることを意味します。つまり、手持ちの資産を売却して得たお金以上に新しい投資を行っているということです。成長中の企業は、事業の拡大や新しいプロジェクトに資金を投入するため、投資CFがマイナスになることが一般的です。

　最後に、財務CFがマイナスというのは、企業が金融機関からの借入金を返済して負債を減らしているか、株主に配当を支払っていることを示しています。営業CFがプラスであり、財務CFがマイナスの企業は、本業で稼いだお金で借入金の返済や株主への還元を行い、健全な財務運営をしていることが分かります。要するに、**本業の収益だけで十分に借金を返せるだけの力がある企業**ということです。

Q61 営業CF ⊖、投資CF ⊕、財務CF ⊕
この企業はどんな状態?

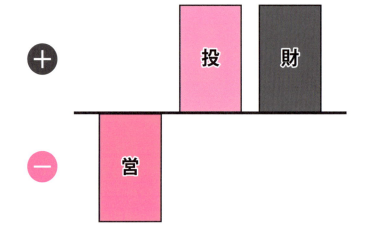

A 危険！・・・資産の売却と借入れによって事業の赤字を埋めている

　8つのパターンの中で、**キャッシュフロー的に最も危険な状態にあるのがこのタイプの企業**です。本業が振るわず、運転資金に困っている可能性が高く、将来的に倒産のリスクも高いと考えられます。個人に例えると、収入が少ない一方で出費が多く、その不足分を消費者ローンで借りたり、株や不用品を売却してやりくりしているような状態です。

　キャッシュの動きを見ると、まず**本業が赤字であるため、事業を継続するために手持ちの資金（自己資本）を削らなければなりません。それでも足りず、資産を売却して現金を作り、さらに不足分を金融機関からの融資などで補っている状況**です。

　3つのCFを詳しく見ると、営業CFのマイナスは基本的に危険です。これは本業で稼げていないことを示しており、早急に事業の立て直しや赤字事業の整理を行い、黒字化を図る必要があります。大きな事業転換や自然災害の影響で一時的に赤字になった可能性も考えられるため、事業の詳細を確認することが重要です。

　投資CFはプラスであり、手持ちの資産を売却していることが分かります。もしこれが事業の赤字補填のためであるとすれば、事業が黒字化するまで資産は減り続けるでしょう。資産は収益を生み出す源泉であり、その資産が減少すれば将来的な収益も減少する可能性があります。赤字補填のための資産売却がどの分野の事業からの撤退を意味するのか、またどのような経営方針があるのか、確認する必要があります。

　財務CFはプラスで、金融機関からの借入れや株主からの出資を受けている状態です。しかし、投資CFのプラスは常に実現できるものではなく、今後も負債が増えるリスクがあります。それでも資金調達ができているということは、まだ銀行や株主から見放されていないとも言えるでしょう。

4-11

Q62
営業CF ⊖、投資CF ⊕、財務CF ⊖
この企業はどんな状態？

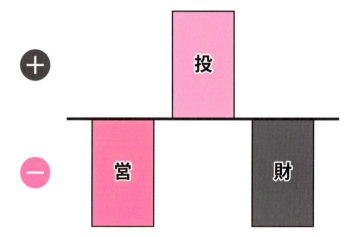

A 黄色信号！・・・売上アップに向けて積極的に事業に投資している

　このタイプの企業は、**稼ぐ力が弱く、事業の運転資金が不足する可能性が高い状態**です。経営状態としては危険信号が灯っており、事業の立て直しや戦略の見直しなど、抜本的な改革が必要な段階にあると考えられます。個人で例えると、本業の稼ぎが少ないため、株や家などを売却してなんとかお金を作り、ローンを返済している状況です。しかし、売れるものにも限りがあるため、経済的に黄色信号が点灯している状態です。

　キャッシュフローの動きを見ると、**本業が赤字であるため、手持の資金が減少している状況です。さらに、投資も行っておらず、資産を売却して現金を捻出しています。**

　3つのCFを詳しく見ると、営業CFがマイナスで、事業が赤字化していることが分かります。外部環境の変化による一時的な赤字で、早期に黒字化が見込めるのであれば問題は少ないかもしれません。しかし、赤字が慢性的である場合は、早急に黒字化を図る必要があります。

　投資CFはプラスで、資産の売却によって企業の運営を維持していることがわかります。資産の売却は、赤字事業や衰退市場からの撤退時に多く見られ、事業再編の手段ともなります。しかし、赤字補填のために資産を売却している場合は、資産の減少が将来的な収益の減少につながり、経営状態がさらに悪化するリスクがあります。

　財務CFはマイナスで、負債が減少していることが示されています。借入金は契約に基づき返済する必要があり、なんとか返済を続けていますが、この企業は資金調達ができていないことを示しているとも言えます。そのため、銀行や株主からすでに見限られている可能性もあります。

4-12

Q63 営業CF ⊖、投資CF ⊖、財務CF ⊕
この企業はどんな状態？

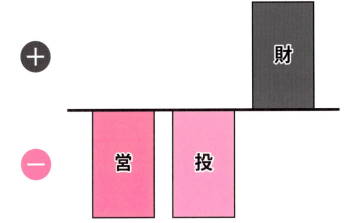

A 起業したばかり・・・事業立ち上げと黒字化に取り組んでいる

　このタイプの企業は、創業間もないベンチャー企業に多く見られます。 事業の黒字化を目指しながら、金融機関からの借入れや株主からの出資を受けて投資を行っている段階です。サラリーマンとしての安定を捨て、ビジョンを掲げて出資者を募り、新しい事業を立ち上げた企業をイメージできます。

　キャッシュの動きを見ると、**本業が赤字である一方、投資に必要な現金も使用しています。その資金源となっているのが、金融機関からの融資や株主からの出資**です。設立間もない企業や新規事業を始めたばかりの企業が本業で赤字を出すのは、特に珍しいことではありません。経営の安定という観点からは、黒字化を急ぐ必要がありますが、同時に、黒字化に向けた投資を継続することも重要です。つまり、**運転資金と投資資金の両方が必要であり、それらを金融機関や株主などから調達できるかが企業の成長にとって大きなカギとなります。**

　事業の黒字化の見通しに関しては、企業の中期経営計画や、新規上場企業の場合は「成長可能性に関する説明資料」などを確認することが推奨されます。また、借入金が増えると負債返済のリスクが高まるため、貸借対照表（BS）で流動負債や固定負債の変化を確認することも重要です。

　投資CFについては、これから成長を目指す企業の場合、マイナスであるべきです。将来の収益を生み出すために積極的な投資が求められますが、その際、投資戦略の内容も慎重に見極める必要があります。

　財務CFは、創業間もない企業にとって生命線です。この段階の企業では、**「成長戦略を株主に納得させることができるか」や「金融機関に対して確実に返済できる計画があるか」が重要な課題**となります。

コラム④

Q64 ニュースで見かける「粉飾決算」って何？

　粉飾決算とは、企業が意図的に決算書の数字を操作して、本来の経営状況や財務状態を偽って報告することです。簡単に言えば、企業が業績を実際より良く見せたり、時には悪く見せたりするために、**会計上の数字を改ざんする行為**です。

　粉飾決算の手法には、売上を実際より多く計上したり、経費を過少に記載したりするものがあります。また、架空の売上や利益を計上したり、将来の収益を前倒しして記載したりすることで、利益をかさ増しする手口も見られます。こうした操作は、複雑な財務報告の中で巧妙に行われるため、専門家でも見破るのが難しいことがあります。

　粉飾決算の影響は非常に大きく、**発覚すると企業への信頼が失われ、株価の暴落や融資の停止などの経済的損失を被ります。** また、法律に違反する行為であるため、経営陣が法的な責任を問われ、罰金や禁錮刑が科されることもあります。

　過去の大規模な事例としては、アメリカのエンロン事件や、日本のオリンパスの不正会計事件などが挙げられます。こうした事件は、企業の財務報告に対する社会の信頼を大きく損ない、会計基準や監査制度の厳格化につながりました。

　粉飾決算は、短期的な利益のために行われることが多いですが、最終的には企業全体の信用と経営基盤を揺るがす重大な行為です。そのため、企業の健全な経営のためには、透明性の高い決算書の作成と公正な財務報告が不可欠です。

第 5 章

実践編

決算書分析

5-1

Q65 どっちの決算書？
ハードかソフトか

Apple
or
Microsoft

A

原価
粗利
売上

B

原価
粗利
売上

A　A. Microsoft　　B. Apple

　AppleとMicrosoftは、米国市場ではGAFAMの一員として注目されているグローバル企業です（ちなみにGAFAMは、Google（Alphabet）、Apple、Facebook（現Meta）、Amazon、Microsoftの頭文字）。これら企業のサービスからも分かるように、5社はITを中心としたサービスを提供しています。その中でも**AppleとMicrosoftはPCやスマートフォン向けのサービスで双璧を成す存在**です。

　Appleは、Mac、iPhone、Apple Watchといったハードウェアに強みを持つメーカーで、とくに日本のスマホ市場ではiPhoneのシェアが約5~6割と高いのが特徴です（世界全体では約2割）。また、MacやiPhoneはApple独自のOSを使用し、iTunes、App Store、Apple Payなどのプラットフォームサービスも提供しています。

　収益面では、近年はサービスによる売上を伸ばしていますが、やはりハードの人気が高く、iPhoneが売上の半分を占めているのが特徴です。**iPhoneは製造原価がかかるため、PL上の特徴としてソフトウェア中心の企業と比べて原価率が高く、粗利率は低くなります。**

　Microsoftは、Windows OSと、そのOS上で動くOfficeを主軸とするソフトウェアサービスが大きな収益源です。PCのOSシェアは世界でも日本でも約7割を占め、Mac用のiOSに大きく差をつけています。売上高を見ると、Office、Azure、Windows、ゲームなどが大半を占め、Microsoftのネームブランドを生かした高価格での事業ができているといえます。つまり**原価率が低いサービスで稼いでいるため、PL上では粗利率が高くなります。**

　このように、扱う商品やサービスの特徴で、粗利率は大きく変わり、決算書でそれが読み取れます。

Q66 どっちの決算書?
収益構造の違い

Facebook (Meta) or Google

A   B

A　A. Facebook（Meta）　　B. Google

　Facebook（Meta Platforms）と Google（Alphabet）はプラットフォーマーとしてのビジネスモデルを展開しています。Apple や Microsoft が商品やサービスの対価として直接ユーザーから収益を得ているのに対し、Meta と Google のサービスはほとんどのユーザーに無料で提供されています。そのため、**ユーザー課金の代わりに広告主からの収入が収益の主な源泉**となっています。

　Meta は Facebook や Instagram を運営しており、**収益の約 97％が広告によるもの**です。

　一方、Google は 2015 年に設立された Alphabet の子会社で、Gmail や Google Chrome、Android といったサービスを提供しており、2006 年には YouTube も買収により傘下に加えました。**Google の主な収益源は Google 検索と YouTube（YouTube Premium）における広告ですが、クラウドやハードウェア事業からの収益もあります。**近年はスマートフォン市場にも参入し、Google Pixel を販売しており、これらのハードウェア製品は製造原価がかかるため、PL 上の原価率が高くなります。

　さらに、Google は他社の検索エンジンやブラウザ、パートナー企業、アフィリエイターと協力して、自社の検索サイトへのトラフィックを増やしています。たとえば、他社のウェブサイトやアプリに広告を掲載したり、ブラウザに Google の検索機能を組み込んでもらったりしてトラフィックを拡大し、広告売上を増加させています。これを TAC（Traffic Acquisition Cost）といい、Google はこの**費用を負担しているため、Meta に比べて原価率が高くなる要因**となっています。

5-3

Q67 どっちの決算書？
自社製品と委託販売

ZOZO
or
ユニクロ

A

- 原価
- 粗利
- 売上

B

- 原価
- 粗利
- 売上

A A. ZOZO　　B. ユニクロ

　ユニクロを展開するファーストリテイリングは、店舗を主体とするアパレル企業であり、一方、ZOZOはオンライン販売を主体とする企業です。この違いだけで、この問いの答えに気づく方も多いでしょう。

　まず、ユニクロの事業モデルを見ていくと、企画、製造、物流、販売までを自社で一貫して行う独自のビジネスモデルを採用しており、これをSPA（Specialty store retailer of Private label Apparel）と呼びます。SPAモデルでは、すべてのプロセスを自社内で完結させることで、外注コストを削減し、生産コストを抑えることが可能です。同業他社では、ファストファッションのH&MやZARAも同様のモデルを採用しています。

　一方、ZOZOはECサイト「ZOZOTOWN」を運営しており、ここで販売される商品には、ZOZOが直接仕入れて販売するケースと、ZOZOTOWN内のショップの商品を受託販売するケースの2種類があります。受託販売とは、ショップの代わりにZOZOが商品を販売し、その手数料を収益源とするモデルです。これがZOZOの大きな収入源となっています。

　ZOZOの売上のほとんどはEC事業によるもので、店舗や店員にかかるコストが少ないのが特徴です。しかし、受託販売に伴う物流や販売代行のコストがかかるため、販管費の比率は高くなります。また、一部の商品はZOZOが直接仕入れて在庫を持つため、その分の原価が発生しますが、受託販売の場合は原価がかからないため、ユニクロと比較すると原価率は低くなります。このように、両社のビジネスモデルの違いが、PL（損益計算書）上の原価率に反映されているのです。

5-4

Q68 どっちの決算書？
収益源と利益構造の違い

イオン
or
セブン&アイ・ホールディングス

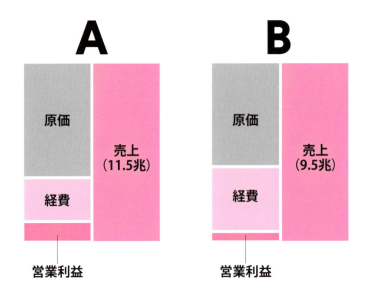

A **A. セブン＆アイ・ホールディングス　　B. イオン**

　イオンとセブン＆アイ・ホールディングスは、大手スーパーマーケット（GMS：General Merchandise Store、食料品や日用品、衣類、家電など幅広い商品を扱う大規模店舗）の2大巨頭であり、それぞれが中心となってショッピングモールの運営も行っています。**売上高を見ると、グループ全体の売上高は共に約10兆円で拮抗しており、両社の売上規模の大きさがわかります。**

　イオンの売上の主軸は、総合スーパー「イオン」と、いなげや、ミニストップ、まいばすけっとといった食料品を中心に展開するスーパーです。また、事業別ではウエルシアによるドラッグストア事業が3番目に大きく、収益拡大に寄与しています。イオンは東南アジアにも複数のモールを展開していますが、**グループ全体の売上に占める割合は小さく、主に国内事業が中心**となっています。

　一方、**セブン＆アイの売上の大半は、北米のコンビニエンスストア事業（セブン‐イレブン）によるもので、次に大きいのがGMS事業と国内コンビニ事業**です。セブン‐イレブンは国内で最も多くの店舗を持ち、売上高でも業界トップです。コンビニ店舗のほとんどをフランチャイズ店舗が占めており、これが収益源となる「ロイヤリティ」や「手数料」収入の割合を高めています。フランチャイズ店から得られる収益が、店舗の運営コストを抑えつつ高い利益率を実現しています。

　このように、業種や業態では似ている両社ですが、主力市場と収益源は大きく異なります。そのため、両社のPL（損益計算書）上では、原価率や営業利益率に大きな違いが現れています。

5-5

Q69 どっちの決算書？
お客さんは誰か

三菱UFJ銀行
or
セブン銀行

A

- 金利の儲け
- 手数料収入
- その他

B

- 金利の儲け
- 手数料収入
- その他

A A. 三菱UFJ銀行　　B. セブン銀行

　消費者の視点から見ると、実店舗を持つ銀行とネット銀行は、口座開設の方法や金利などにおいてさまざまな違いがあります。また、事業の側面でも両者は大きく異なっており、その違いは決算書にも表れています。

　店舗型銀行（メガバンク、地方銀行、信用金庫など）は、顧客から預かった資金（銀行にとっての負債）を企業に貸し出し、その際に得られる利息が主要な収益源です。たとえば、三菱UFJフィナンシャル・グループのBS（貸借対照表）を見てみると、約224兆円の預金を顧客から預かっており、そのうち109兆円を貸し出しています。

　一方で、セブン銀行はまったく異なるビジネスモデルを採用しています。**セブン銀行の主な収益源は、利用者が他の銀行の口座を利用してATMを使った際に、その銀行から受け取る手数料**です。セブン - イレブンは全国に20,000店舗以上を展開しており、その集客力が大きな強みとなっています。都心や地方を問わず多くの利用者がATMを使うため、この「ATM利用手数料」で高い利益を得ています。つまり、実店舗を持って個人や企業向けに貸し出しを行う従来型の銀行とは、根本的に収益の仕組みが異なっているのです。

　ちなみに、銀行のPL（損益計算書）は一般企業とは形式が異なり、売上高や営業利益の項目がなく、ほとんどの収益や費用が経常損益に集約されています。経常収益には利息収入、手数料収入、有価証券の運用益や売却益が含まれ、経常費用には利息の支払い、有価証券の運用損や売却損、人件費などが含まれます。

5-6

Q70 どっちの決算書？
フランチャイズと直営

セブン-イレブン
or
すかいらーく

A

B

A A. セブン‐イレブン　　B. すかいらーく

　今回の例で取り上げるのは「株式会社セブン‐イレブン・ジャパン」です。**セブン‐イレブンは、国内最大の店舗数を誇るコンビニチェーンで、その95％以上がフランチャイズ加盟店**です。フランチャイズはコンビニ、飲食店、スーパーマーケット、学習塾などさまざまな業種で採用されていますが、特にコンビニ業界ではFC（フランチャイズチェーン）が広く普及しています。セブン‐イレブンに次ぐ大手コンビニであるローソンやファミリーマートも、FC店舗が90％以上を占めています。

　フランチャイズに加盟している店舗の数字を見ると、粗利（売上高から原価を引いた金額）の約50％をロイヤリティとして本部に支払います。この**ロイヤリティ収入が、セブン‐イレブン本部にとって主要な収益源**となっています。FC収入は商品の仕入原価がかからないため、原価率が低くなる傾向があります。

　一方、すかいらーくグループはガスト、バーミヤン、しゃぶ葉など、国内で数多くのレストランチェーンを展開しており、**ほとんどが直営店で運営されています。このため、仕入れにかかる原価が発生し、セブン‐イレブンに比べて粗利率は低くなります。**直近の粗利率は約7割で、これは飲食業界の平均的な水準といえます。

　このように、粗利率は原材料や在庫が必要ない業種ほど高くなる傾向があります。IT業やコンサルティング業のように在庫を持たない業種では粗利率が高くなりやすく、逆に卸売業、小売業、製造業など、原材料や在庫を多く扱う業種は、粗利率が低くなる傾向があります。

5-7

Q71 どっちの決算書?
薄利多売と厚利少売

ドトール
or
ルノアール

A
原価
粗利
売上

B
原価
粗利
売上

A   A. ルノアール　　B. ドトール

　実際に自分が利用する場面をイメージし、それぞれの店舗が提供する商品や空間を考えると、ビジネスモデルの違いが見えてきます。

　ドトールは、低価格帯の飲食事業を展開しており、主なターゲットはコーヒー消費量が多い中年層以上の男性です。この年齢層のビジネスパーソンにとって、アクセスの良いオフィス街や駅前、駅中に多く出店し、短時間でさっと利用できることが特徴です。**利用者は短時間の休憩に訪れることが多く、回転率が高いのがポイント**です。

　一方、ルノアールも中高年のビジネスパーソンが主な利用者ですが、**ドトールに比べて滞在時間が長く、価格も高めに設定**されています。たとえば、ドトールのブレンドコーヒーが1杯250円であるのに対し、ルノアールでは720円と、**約3倍の価格差**があります。

　コーヒーそのものの原価に大きな差はないものの、この価格差が生じるのは、**両店舗が提供する価値が異なるため**です。ドトールは短時間での利用が多いため、席が狭く、セルフサービス形式で商品の受け取りやカップの返却を行います。一方、ルノアールでは、打ち合わせや長居する利用者が多く、席は広くゆったりしており、商品はスタッフが運ぶなど快適さを重視しています。

　このように、両社は同じコーヒーでも異なる価値やコンセプトを提供しており、それが価格設定に影響を与え、最終的には決算書にも反映されてくるのです。

5-8

Q72 どっちの決算書？
自社で作るか委託するか

コカ・コーラ
or
伊藤園

A

| 流動資産 | 負債 |
| 固定資産 | 純資産 |

B

| 流動資産 | 負債 |
| 固定資産 | 純資産 |

A　A. コカ・コーラ　　B. 伊藤園

　コカ・コーラと伊藤園は、どちらも大手飲料メーカーですが、**貸借対照表（BS）における固定資産の金額には大きな差があります。**つまり、この問いの答えは、どちらの企業が固定資産を多く（または少なく）持っているかを考えることで導けます。

　固定資産とは、企業が長期間使用する資産を指し、工場や設備、土地、建物、機械などの有形資産と、商標や特許などの無形資産が含まれます。固定資産が多い企業は、それだけ製造設備や店舗を多く保有していることを意味します。

　それぞれの企業の事業の進め方に注目すると、コカ・コーラ本社（米国）は自社でボトリング工場を持ち、ほとんど外部に委託せず自社で製造を行っています。**2023年度の決算では、コカ・コーラの総資産のうち、有形固定資産が占める割合は47%**でした。

　一方、伊藤園は「お〜いお茶」や「1日分の野菜」といった飲料事業に加え、米国のTULLY'S COFFEEの日本事業も展開しています。飲料の製造に関しては、原料の仕入れから加工、販売まで一貫して行っていますが、ボトリングは外部企業に委託しています。そのため、コカ・コーラと比べると設備が少なく、2023年度の決算では、**伊藤園の総資産のうち有形固定資産の割合は21%**にとどまっています。

　このような違いを理解すれば、問いの答えは明確です。ちなみに、伊藤園のように外部企業の工場を利用して商品を生産する「ファブレス方式」を採用すると、その分固定資産は少なくなります。**固定資産が少ないことには、小回りが効き、BSがスリム化され、資産効率が向上するというメリットがあります。**一方、自社で生産を行うことには、生産改善の速度が速くなり、情報が外部に流出しないといったメリットがあり、これらはそれぞれの経営戦略や哲学の表れとも言えます。

5-9

Q73 どっちの決算書？
阪神タイガースの貸借対照表はどっち？

A

流動資産	負債
	純資産
固定資産	

B

流動資産	負債
固定資産	純資産

A　Aの貸借対照表

　AとBの違いとして**大きなポイントは「固定資産の比率」**です。球場に関連する固定資産と言えば、そう、「球場」そのものです。しかし、固定資産が多い「B」と答えたくなるところ、正解は「A」でした。

　野球ファンの方はご存じかもしれませんが、株式会社阪神タイガースは阪急阪神ホールディングス株式会社のグループ企業の1つで、球場は親会社である阪神電気鉄道株式会社が所有しています。

　阪神タイガースの本拠地は「甲子園」、読売ジャイアンツは「東京ドーム」を本拠地としていますが、実は多くのプロ野球チームは自社で球場を直接保有しているわけではなく、**多くの場合、資本関係があるグループ企業がその球場を所有しています。このため、各チームの固定資産の比率は意外にも小さいものとなります。**

　近年では、野球に限らず、ライブの運営や宿泊施設、さらにはサウナなども楽しめるエスコンフィールド（北海道日本ハムファイターズの本拠地）など、多機能な施設が増えてきています。このように、プロ野球チームの球場やその運営会社は意外な企業であったりすることがあります。特に、**各チームがどのような資本関係を持っているかは、ビジネスモデルや収益構造を理解する上で非常に重要なポイント**です。

　資本関係についても、決算書や有価証券報告書をチェックしてみると、さまざまな興味深い発見があるでしょう。これにより、プロ野球チームの運営やその背後にある企業戦略をより深く理解できるようになります。ファンとしてだけでなく、経済やビジネスの視点からもプロ野球を楽しむことができるのです。

5-10

Q74 どっちの決算書？
実は小売店舗ではない？

丸井
or
三越伊勢丹

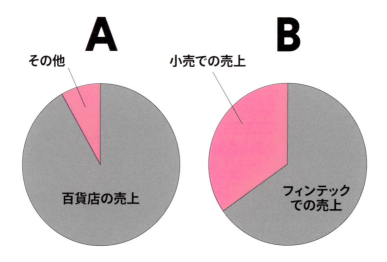

A — その他 / 百貨店の売上

B — 小売での売上 / フィンテックでの売上

A　A. 三越伊勢丹　　B. 丸井

　丸井と三越伊勢丹はどちらも百貨店を持つ小売り事業の企業ですが、その収益源をひも解いてみると、興味深い違いがあります。特に、ある企業は店舗での**小売売上よりも金融事業の収益が大幅に上回っている**ことがわかります。その答えを理解するために、各企業の事業モデルと内容を見てみましょう。

　まず、三越伊勢丹についてです。この企業は**店舗での商品販売を主な収益源**としています。ターゲットは高級志向の消費者であり、高級ブランド品や高品質な日用品の販売において高く評価されています。さらに、外商サービスや季節ごとのギフト（お中元やお歳暮）にも強みを持っており、これらが貴重な収益源となっています。また、**デパートのフロアの一部をテナントとして貸し出すことで得られる賃料収入も重要な要素**です。

　一方、丸井はもともと三越伊勢丹と同様に小売事業が主力でしたが、現在はクレジットカード事業とテナント事業による収益が大きく、他の百貨店とは一線を画すビジネスモデルを展開しています。特に、**エポスカードというクレジットカード事業が収益の中心**です。このカードから得られる年会費や利用手数料、キャッシングの利息などが大きな収益源となっています。

　エポスカードの会員数は759万人に達しており、これにより手数料収入を獲得するだけでなく、丸井をリピート利用する顧客基盤の形成にもつながっています。

　このように、丸井と三越伊勢丹のビジネスモデルには明確な違いがあり、それぞれの決算書を比較しながら、どのように収益を上げているのかを分析することが重要です。

5-11

Q75 これはどこの会社？
過去20年で事業内容が大きく変化

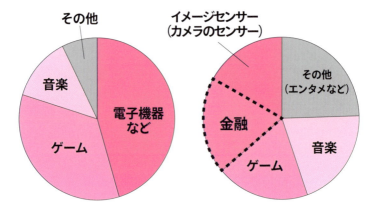

A　ソニーグループ

　企業は市場の動向を踏まえ、事業内容や収益源を変えたり、多様化したりしながら成長しています。その一例がソニーグループです。

　ソニーは2000年代初期、エレクトロニクス関連の事業を中心に展開していました。この時期の主力商品にはテレビやオーディオ機器があり、創業期からのものづくりの力が世界で高く評価されていました。日本の製造業のリーダー的存在としての地位を確立し、Appleの創業者スティーブ・ジョブズがソニーの技術を尊敬していたことからも、その影響力が伺えます。

　しかし、2000年代中盤から2010年代初期にかけて、**エレクトロニクス分野のグローバル競争が激化し、ソニーグループの収益は次第に圧迫される**ようになりました。特に強みを持っていたテレビ事業は、低価格競争や技術革新の波に押され、事業再編や不採算部門の縮小、さらには売却を進めることになります。

　その一方で、今やソニーグループの**稼ぎ頭は「金融サービス」へとシフト**しています。このような経営方針の変更は、経営者の判断によるものであり、**その背景にある戦略や市場の状況は決算短信や有価証券報告書などで把握できます。**また、複数の事業がある中で成長力のある分野や逆に不振の分野を判別するために、セグメントごとのROIC（投下資本利益率）を分析することが重要です。これらの情報は、企業戦略の策定に役立てられています。

　ソニーグループの事例からもわかるように、**企業は市場環境の変化に適応しながら、収益源の多様化や新たな成長戦略を模索し続けています。**このプロセスを理解することで、企業の持続可能な成長を支える要素や戦略の本質を深く理解することができるでしょう。

5-12

Q76 これはどこの会社?
意外な収益源を持っている

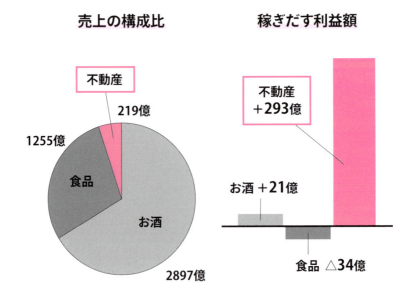

売上の構成比

不動産 219億
食品 1255億
お酒 2897億

稼ぎだす利益額

不動産 +293億
お酒 +21億
食品 △34億

※上記の図は2021年12月期の決算書を基に作成

A　サッポロホールディングス

　企業の収益源の分析は、その事業内容を深く理解する上で非常に重要です。たとえば、サッポロホールディングスは、酒類、ノンアルコール飲料、食品、不動産の4つのセグメントを持つ日本の大手飲料メーカーです。「ちょっと贅沢」をコンセプトとしたビールが有名で、ビール市場では業界4位のシェアを誇ります。

　サッポロの**売上高の70％以上は酒類が占めており、食品を合わせると96％**に達します。一方で、**3本目の柱である不動産事業は、売上高が全体のわずか4％**にとどまっています。酒類セグメントはブランド力と市場での認知度があり、国内で安定した売上を生み出していますが、酒類の製造には原材料や製造コストがかかり、市場競争も激しいため、営業利益率は全体の50％以下に落ち込みます。食品セグメントは、売上では酒類に次ぐ規模ですが、価格競争や原材料価格の変動の影響を受けやすく、営業利益率は10％を切る水準まで減少しています。

　一方で、**不動産セグメントは売上高が全体の4％と少ないものの、営業利益率は45％と高く、実質的にサッポロにとっての稼ぎ頭**となっています。不動産事業では地の利を活かし、恵比寿ガーデンプレイスなどを運営して賃料収入を得ています。このセグメントは酒類などに比べて安定した収益を生むため、経営にとって大きな支えとなります。

　実は**出題したグラフは2021年12月期の決算書の数字**なのですが、このときは2020年の新型コロナウイルスの感染拡大で飲食店の休業によって**店舗向けの酒類の販売量が大きく減り、不動産収入が会社の収益を下支え**していました。

　このように、企業の収益源を分析することで、事業内容の理解が深まるだけでなく、景気悪化時の耐性やリスクの分散の重要性を認識することができます。

Q77 これはどこの会社？
安さと味で人気のファミレス

5-13

PL（抜粋）

	実績	比率	目安
売上	183,224		
売上原価	72,747	39.7%	30%
売上総利益	110,497		
販管費	103,274		
営業利益	7,222	3.9%	

給与・賞与	42,376	23.1%	30%

FL比率		62.8%	60%

A　サイゼリヤ

　サイゼリヤは、安さと味で人気を誇る飲食店チェーンで、特にその驚くべき低価格が際立っています。ハンバーグやピザが 300 円台、ドリアが 200 円台から楽しむことができます。

　この徹底した低価格を実現するための結果と背景は、決算書から明確に読み取れます。**飲食業界でよく使われる指標の 1 つに「FL 比率」があります。**これは、F（Food、食品の原価）と L（Labor、人件費）の合計が売上高に対してどのくらいの割合を占めるかを示す指標です。一般的には、FL 比率を 60％以下に抑えることが目標とされ、この数値が低ければ低いほど、利益が手元に残りやすくなります。

　サイゼリヤの FL 比率は、原価率が 39.7％と高い一方で、人件費が 23.1％と低いため、結果的に 62.8％という数値を達成しています。これは目安の 60％に近い数字で、効率的なコスト管理を示しています。

　その背景には、食品の生産プロセスにおいて「栽培」「生産加工」「調理」を自社で一貫して行っていることがあります。また、直営店を展開することで需要をタイムリーに捉え、計画的な生産が可能となっています。さらに、**自社工場で加工することによって人件費を抑制し、全体のコストを低く維持**することができています。

　これらの企業努力や仕組みによって、サイゼリヤは低コストのオペレーションを確立し、結果として低価格での商品・サービスを提供しています。消費者にとっては、手頃な価格で質の高い食事を楽しむことができるため、魅力的な選択肢となっています。このようなビジネスモデルは、サイゼリヤの成功の要因を示す一例と言えるでしょう

あとがき

　『企業の財務構造から「潜在実力」を見抜く　解くだけで身につく！決算書図解クイズ７７』を最後までお読みいただき、誠にありがとうございます。

　この本は、決算書に苦手意識を持つ方々に、楽しく、テンポよく、わかりやすくその基礎を学んでいただくために作りました。数字や会計に対して「難しそう」「専門的で理解できない」という先入観を持っている方が多いかもしれませんが、実際のところ、決算書は私たちの日常生活や仕事、さらには将来の選択にも密接に関わる大切な情報を提供してくれるものです。

　極論かもしれませんが、個人も企業も同じです。それぞれ叶えたい夢や目標があり、日々一生懸命活動をしています。目的地にたどり着くためには、「今どこにいるのか、どういう状況なのか」を知らなければなりません。決算書はその状況を明らかにするものです。「今の年収が400万円、貯金は300万円、借金は奨学金で500万円」と整理できれば、「じゃあもっと年収を上げないといけない、あるいは副業で稼がないといけない、寝かせてるお金だけじゃなく、お金にも稼いでもらわないといけない。それはそれぞれいくらくらい必要だ。そういえば今年はアメリカに旅行に行きたいから、50万円は確保しておかなきゃ」そういった考えや行動は、常日頃、皆さんも行っていると思います。企業も同じく、達

成したいビジョンがあり、そこにお金や人が集まり、経済活動を行った結果が決算書に表れてきます。そう思うと、より身近に感じられるのではないでしょうか？

　今後、決算書に接する機会が増えることでしょう。その際に、この本で得た知識が少しでも役に立てば幸いです。そして、さらに深く学びたいという意欲が湧いたら、次のステップとしてより高度な会計や財務の知識に挑戦することもお勧めします。ビジネスの世界は広大で奥深いものです。その入口に立った皆さんが、今後どのような道を歩んでいくのか、とても楽しみにしています。

　本書を通じて、皆さんが会計や数字の世界に少しでも興味を持ち、次のステージに進んでいくための第一歩を踏み出していただければ、著者としてこれ以上の喜びはありません。これからも、学び続ける姿勢を大切にし、新しい知識を自分のものにしていってください。あなたの挑戦を心から応援しています。

　ありがとうございました。

2024年11月　なぎ

なぎ

20歳で公認会計士試験に合格。大手監査法人を勤めた後、現在はスタートアップCFOなど数社を兼任。財務三表や企業の事業比較、決算書などの二者択一のクイズをXで投稿。学生から数字が苦手なビジネスマンまで、楽しく会計を学べるとして好評を博す。現在フォロワー数は3万人（2024年9月時点）。"会計を日本一わかりやすく"を掲げ、日夜SNSで発信を続けている。

企業の財務構造から「潜在実力」を見抜く
解くだけで身につく！　決算書図解クイズ７７

2024年11月21日　初版発行

著者／なぎ

発行者／山下　直久

発行／株式会社KADOKAWA
〒102-8177　東京都千代田区富士見2-13-3
電話　0570-002-301(ナビダイヤル)

印刷所／大日本印刷株式会社

製本所／大日本印刷株式会社

本書の無断複製（コピー、スキャン、デジタル化等）並びに
無断複製物の譲渡および配信は、著作権法上での例外を除き禁じられています。
また、本書を代行業者等の第三者に依頼して複製する行為は、
たとえ個人や家庭内での利用であっても一切認められておりません。

●お問い合わせ
https://www.kadokawa.co.jp/（「お問い合わせ」へお進みください）
※内容によっては、お答えできない場合があります。
※サポートは日本国内のみとさせていただきます。
※Japanese text only

定価はカバーに表示してあります。

©Nagi 2024　Printed in Japan
ISBN 978-4-04-607129-3　C0034